上海市工程建设规范

民防工程防护设备设施质量检测与评定标准

Quality testing and assessment standard for protective equipment and facilities of civil air defence works

DG/TJ 08—2330—2020
J 15295—2020

主编单位:上海建科检验有限公司
上海市民防工程行业协会
批准部门:上海市住房和城乡建设管理委员会
施行日期:2021 年 2 月 1 日

同济大学出版社

2020 上海

图书在版编目(CIP)数据

民防工程防护设备设施质量检测与评定标准/上海建科检验有限公司,上海市民防工程行业协会主编. —上海：同济大学出版社，2020.12

ISBN 978-7-5608-9639-7

Ⅰ.①民… Ⅱ.①上… ②上… Ⅲ.①民防–防护设备–质量检验–上海②民防–防护设备–评定–标准–上海 Ⅳ.①E256

中国版本图书馆 CIP 数据核字(2020)第 251724 号

民防工程防护设备设施质量检测与评定标准

上海建科检验有限公司
上海市民防工程行业协会 **主编**

策划编辑 张平官
责任编辑 朱　勇
责任校对 徐春莲
封面设计 陈益平

出版发行 同济大学出版社　www.tongjipress.com.cn
(地址:上海市四平路 1239 号　邮编：200092　电话:021-65985622)
经　销 全国各地新华书店
印　刷 浦江求真印务有限公司
开　本 889mm×1194mm 1/32
印　张 2.625
字　数 71 000
版　次 2020 年 12 月第 1 版　2020 年 12 月第 1 次印刷
书　号 ISBN 978-7-5608-9639-7
定　价 25.00 元

上海市住房和城乡建设管理委员会文件

沪建标定〔2020〕436 号

上海市住房和城乡建设管理委员会
关于批准《民防工程防护设备设施质量检测与评定标准》为上海市工程建设规范的通知

各有关单位：

由上海建科检验有限公司和上海市民防工程行业协会主编的《民防工程防护设备设施质量检测与评定标准》，经我委审核，现批准为上海市工程建设规范，统一编号为 DG/TJ 08—2330—2020，自 2021 年 2 月 1 日起实施。

本规范由上海市住房和城乡建设管理委员会负责管理，上海建科检验有限公司负责解释。

特此通知。

上海市住房和城乡建设管理委员会

二〇二〇年八月二十四日

前　言

本标准是根据上海市住房和城乡建设管理委员会《关于印发〈2017年上海市工程建设规范、建筑标准设计编制计划(第二批)〉的通知》(沪建标定〔2017〕673号)的要求，由上海建科检验有限公司、上海市民防工程行业协会会同相关单位经广泛调研和反复论证后编制完成。

本标准的主要内容包括：总则；术语、符号；基本规定；防护设备生产质量检测；防护设备安装质量检测；防护设施质量检测；防护设备设施质量评定以及附录。

各单位及相关人员在执行本标准过程中，如有意见和建议，请反馈至上海市民防办公室(地址：上海市复兴中路593号；邮编：200020；E-mail：mfkys@126.com)，上海建科检验有限公司(地址：上海市申富路568号；邮编：201108；E-mail：jkrfgc@163.com)，或上海市建筑建材业市场管理总站(地址：上海市小木桥路683号；邮编：200032；E-mail：bzglk@zjw.sh.gov.cn)，以供本标准今后修订时参考。

主 编 单 位：上海建科检验有限公司
上海市民防工程行业协会

参 编 单 位：上海市民防监督管理处
上海市中民防建设工程质量监督检测中心有限公司
上海申通地铁集团有限公司
上海众材工程检测有限公司
上海地空防护设备有限公司
上海凯斯特民防设备有限公司

上海鹏程通风设备有限公司

主要起草人员:张　贺　付建明　洪　流　赵　松　吴乐翔
郑　乾　熊　喆　徐　昊　许　强　朱平锋
翁佳庚　赵志伟　缪　杰　华　夏　赵　唯
杜惠平　刘　权　李　明　乔莉忠　杜玉明

主要审查人员:张冬梅　缪小平　禹海涛　王　挥　高华琼
吴国忠　范海艇

上海市建筑建材业市场管理总站

目　次

Contents

1 总 则

1.0.1 为规范本市民防工程防护设备生产质量检测、防护设备安装质量检测及防护设施质量检测，保证防护设备设施的各项性能指标达到设计要求，保障防护设备设施各项功能的正常发挥，制定本标准。

1.0.2 本标准适用于本市民防工程防护设备生产质量检测、防护设备安装质量检测及防护设施质量检测。

1.0.3 民防工程防护设备生产质量检测、防护设备安装质量检测及防护设施质量检测，除应符合本标准外，尚应符合国家、行业和本市现行有关标准的规定。

2 术语、符号

2.1 术 语

2.1.1 防护设备 protective equipment

设于民防工程人员、设备出入口，进(排)风、排烟道口部，防护单元分隔处，用以阻挡或削弱冲击波，阻挡放射性粒子、化学毒剂和生物战剂气溶胶进入的设备。

2.1.2 防护设施 protective facility

由防护设备与防护(密闭)结构或通风管道等构成的具有防护性能的设施，如民防工程内部的战时通风系统、防毒通道、密闭通道、滤毒室等。

2.1.3 防护门 blast door

能阻挡冲击波，但不能阻挡染毒空气进入的门。

2.1.4 防护密闭门 airtight blast door

既能阻挡冲击波，又能阻挡染毒空气进入的门。

2.1.5 密闭门 airtight door

能阻挡染毒空气，但不能阻挡冲击波进入的门。

2.1.6 密闭阀门 airtight valve

安装在防护通风系统中的转换防护通风方式的气密设备。按控制方式分为手动和手电动两用两种类型。

2.1.7 防爆波活门 blast valve

安装在工程进(排)风、排烟道口部，在一定的冲击波压力下能迅速关闭的设备，其消波效果与冲击波压力呈正相关。

2.1.8 超压排气活门 overpressure exhaust valve

靠活门两侧空气压差作用自动启闭的具有抗冲击波余压功能的排风活门。

2.1.9 防护密闭封堵板 airtight blast shutter

在平战转换期间安装、具有防护密闭功能的封堵组件。

2.1.10 防爆地漏 explosion proof floor drain

安装在密闭段内的排水系统中,战时能阻挡冲击波和染毒空气进入防护区内的设备。

2.1.11 油网除尘器 rough filter

指利用筛网分离和机油的粘附作用等滤除气流中大颗粒烟尘的过滤器。

2.1.12 过滤吸收器 filter absorber

指能滤除毒剂蒸气、生物战剂气溶胶及放射性灰尘的精滤器和滤毒器组合的器材。

2.2 符 号

H_a——门孔高度设计值(mm);

H_b——门扇高度设计值(mm);

H_c——临战封堵框孔洞高度设计值(mm);

H_d——防护密闭封堵板高度设计值(mm);

H_e——透明窗孔高度设计值(mm);

W_a——门孔宽度设计值(mm);

W_b——门扇宽度设计值(mm);

W_c——悬摆板宽度设计值(mm);

W_d——临战封堵框孔洞宽度设计值(mm);

W_e——防护密闭封堵板宽度设计值(mm);

W_f——透明窗孔宽度设计值(mm);

X——对角线(mm);

X_f——透明窗孔对角线(mm)；
L_a——悬摆板长度设计值(mm)；
D——壳体外径设计值(mm)；
d——壳体进风口内径设计值(mm)；
h——地漏体高度设计值(mm)；
LH——门孔宽度设计值与高度设计值中的较大值(mm)；
G_a——门扇及其门扇上所有零部件的总质量(kg)；
G_b——悬摆板和悬摆板铰座的质量之和(kg)；
G_c——阀板及其阀板上所有零部件的总质量(kg)；
S——悬摆板的面积(m^2)；
Φ——当量管径(mm)；
P——悬摆板的最大关闭力(N)；
δ——密闭胶条压缩量(mm)；
H——厚度(mm)；
e——偏差；
φ——门扇与门框贴合面间隙(mm)。

3 基本规定

3.0.1 应对照待检测工程竣工图纸，对防护设备的型号、规格和数量进行现场核查，确认符合图纸要求后，按照本标准有关规定进行检测。

3.0.2 防护设备设施质量检测采用的仪器、设备，其精度应符合本标准要求。

3.0.3 防护设备设施质量检测采用的仪器、设备应处于计量检定合格有效期内。

4 防护设备生产质量检测

4.1 一般规定

4.1.1 门类防护设备的生产质量检测宜对门框、门扇两大组件分别进行。其余产品的生产质量检测应对整件进行。

4.1.2 防护设备产品的生产质量检测宜采取抽样检测的方式，抽样样品应按规格型号分类随机抽取，样品数量按式(4.1.2)确定。被检样品若有1件不合格时，应进行加倍随机抽样检测；若再有1件不合格，应全部检测并逐件评定。

$$m = n \times 20\% \tag{4.1.2}$$

式中：m——抽样检验样品数量，当 $m<1$ 时，取 $m=1$；当 m 不是整数时，应向上取整。

n——同一规格型号产品数量。

4.2 检测项目

4.2.1 各类防护设备产品生产质量的检测项目、检测方法及合格指标，应符合表4.2.1-1～表4.2.1-3的规定。

表 4.2.1-1 外形尺寸

序号	防护设备类型	检测项目	合格指标	检测方法
一	手动钢结构门	门框高度	$H_a \leqslant 1\,500$ mm，-2 mm $\leqslant e \leqslant 2$ mm	4.4.1-1
			$1\,500$ mm $< H_a \leqslant 2\,500$ mm，-3 mm $\leqslant e \leqslant 3$ mm	

续表 4.2.1-1

序号	防护设备类型	检测项目	合格指标	检测方法
一	手动钢结构门	门框高度	$H_a>2\ 500$ mm，-4 mm$\leqslant e\leqslant 4$ mm	4.4.1-1
		门框宽度	$W_a\leqslant 1\ 500$ mm，-2 mm$\leqslant e\leqslant 2$ mm	4.4.1-1
			1 500 mm$<W_a\leqslant 2\ 500$ mm，-3 mm$\leqslant e\leqslant 3$ mm	
			$W_a>2\ 500$ mm，-4 mm$\leqslant e\leqslant 4$ mm	
		门扇高度	$H_b\leqslant 1\ 500$ mm，-2 mm$\leqslant e\leqslant 2$ mm	4.4.1-2
			1 500 mm$<H_b\leqslant 2\ 500$ mm，-3 mm$\leqslant e\leqslant 3$ mm	
			$H_b>2\ 500$ mm，-4 mm$\leqslant e\leqslant 4$ mm	
		门扇宽度	$W_b\leqslant 1\ 500$ mm，-2 mm$\leqslant e\leqslant 2$ mm	4.4.1-2
			1 500 mm$<W_b\leqslant 2\ 500$ mm，-3 mm$\leqslant e\leqslant 3$ mm	
			$W_b>2\ 500$ mm，-4 mm$\leqslant e\leqslant 4$ mm	
		门框对角线偏差	$X\leqslant 2\ 000$ mm，-4.5 mm$\leqslant e\leqslant 4.5$ mm	4.4.1-3
			$X>2\ 000$ mm，-5.5 mm$\leqslant e\leqslant 5.5$ mm	
		门扇对角线偏差	$X\leqslant 2\ 000$ mm，-4.5 mm$\leqslant e\leqslant 4.5$ mm	4.4.1-4
			$X>2\ 000$ mm，-5.5 mm$\leqslant e\leqslant 5.5$ mm	
		门扇厚度	$e\geqslant -1.5$ mm	4.4.1-5
		面板厚度	$e\geqslant -5\%$	4.4.1-6
		闭锁位置	上下或左右，-1 mm$\leqslant e\leqslant 1$ mm	4.4.1-7

续表 4.2.1-1

序号	防护设备类型	检测项目	合格指标	检测方法
二	钢筋混凝土门	门框高度	$H_a \leqslant 1\ 500$ mm，-2 mm$\leqslant e \leqslant 2$ mm	4.4.1-1
			1 500 mm$< H_a \leqslant 2\ 500$ mm，-3 mm$\leqslant e \leqslant 3$ mm	
			$H_a > 2\ 500$ mm，-4 mm$\leqslant e \leqslant 4$ mm	
		门框宽度	$W_a \leqslant 1\ 500$ mm，-2 mm$\leqslant e \leqslant 2$ mm	4.4.1-1
			1 500 mm$< W_a \leqslant 2\ 500$ mm，-3 mm$\leqslant e \leqslant 3$ mm	
			$W_a > 2\ 500$ mm，-4 mm$\leqslant e \leqslant 4$ mm	
		门扇高度	$H_b \leqslant 1\ 500$ mm，-2 mm$\leqslant e \leqslant 2$ mm	4.4.1-2
			1 500 mm$< H_b \leqslant 2\ 500$ mm，-3 mm$\leqslant e \leqslant 3$ mm	
			$H_b > 2\ 500$ mm，-4 mm$\leqslant e \leqslant 4$ mm	
		门扇宽度	$W_b \leqslant 1\ 500$ mm，-2 mm$\leqslant e \leqslant 2$ mm	4.4.1-2
			1 500 mm$< W_b \leqslant 2\ 500$ mm，-3 mm$\leqslant e \leqslant 3$ mm	
			$W_b > 2\ 500$ mm，-4 mm$\leqslant e \leqslant 4$ mm	
		门框对角线偏差	$X \leqslant 2\ 000$ mm，-4.5 mm$\leqslant e \leqslant 4.5$ mm	4.4.1-3
			$X > 2\ 000$ mm，-5.5 mm$\leqslant e \leqslant 5.5$ mm	
		门扇对角线偏差	$X \leqslant 2\ 000$ mm，-4.5 mm$\leqslant e \leqslant 4.5$ mm	4.4.1-4
			$X > 2\ 000$ mm，-5.5 mm$\leqslant e \leqslant 5.5$ mm	
		门扇厚度	$e \geqslant -1.5$ mm	4.4.1-5
		面板厚度	$e \geqslant -5\%$	4.4.1-8
		闭锁位置	上下或左右，-1 mm$\leqslant e \leqslant 1$ mm	4.4.1-7

续表 4.2.1-1

序号	防护设备类型	检测项目	合格指标	检测方法
三	电控门	门框高度	$H_a \leqslant 1\,500$ mm, -2 mm $\leqslant e \leqslant 2$ mm	4.4.1-1
			1 500 mm $< H_a \leqslant 2\,500$ mm, -3 mm $\leqslant e \leqslant 3$ mm	
			$H_a > 2\,500$ mm, -4 mm $\leqslant e \leqslant 4$ mm	
		门框宽度	$W_a \leqslant 1\,500$ mm, -2 mm $\leqslant e \leqslant 2$ mm	4.4.1-1
			1 500 mm $< W_a \leqslant 2\,500$ mm, -3 mm $\leqslant e \leqslant 3$ mm	
			$W_a > 2\,500$ mm, -4 mm $\leqslant e \leqslant 4$ mm	
		门扇高度	$H_b \leqslant 1\,500$ mm, -2 mm $\leqslant e \leqslant 2$ mm	4.4.1-2
			1 500 mm $< H_b \leqslant 2\,500$ mm, -3 mm $\leqslant e \leqslant 3$ mm	
			$H_b > 2\,500$ mm, -4 mm $\leqslant e \leqslant 4$ mm	
		门扇宽度	$W_b \leqslant 1\,500$ mm, -2 mm $\leqslant e \leqslant 2$ mm	4.4.1-2
			1 500 mm $< W_b \leqslant 2\,500$ mm, -3 mm $\leqslant e \leqslant 3$ mm	
			$W_b > 2\,500$ mm, -4 mm $\leqslant e \leqslant 4$ mm	
		门框对角线偏差	$X \leqslant 2\,000$ mm, -4.5 mm $\leqslant e \leqslant 4.5$ mm	4.4.1-3
			$X > 2\,000$ mm, -5.5 mm $\leqslant e \leqslant 5.5$ mm	
		门扇对角线偏差	$X \leqslant 2\,000$ mm, -4.5 mm $\leqslant e \leqslant 4.5$ mm	4.4.1-4
			$X > 2\,000$ mm, -5.5 mm $\leqslant e \leqslant 5.5$ mm	
		门扇厚度	$e \geqslant -1.5$ mm	4.4.1-5
		面板厚度	$e \geqslant -5\%$	4.4.1-6
		闭锁位置	上下或左右, -1 mm $\leqslant e \leqslant 1$ mm	4.4.1-7

续表 4.2.1-1

序号	防护设备类型	检测项目	合格指标	检测方法
四	防电磁脉冲门	门框高度	$H_a \leqslant 1\ 500$ mm，-2 mm$\leqslant e \leqslant 2$ mm	4.4.1-1
			1 500 mm$< H_a \leqslant 2\ 500$ mm，-3 mm$\leqslant e \leqslant 3$ mm	
			$H_a > 2\ 500$ mm，-4 mm$\leqslant e \leqslant 4$ mm	
		门框宽度	$W_a \leqslant 1\ 500$ mm，-2 mm$\leqslant e \leqslant 2$ mm	4.4.1-1
			1 500 mm$< W_a \leqslant 2\ 500$ mm，-3 mm$\leqslant e \leqslant 3$ mm	
			$W_a > 2\ 500$ mm，-4 mm$\leqslant e \leqslant 4$ mm	
		门扇高度	$H_b \leqslant 1\ 500$ mm，-2 mm$\leqslant e \leqslant 2$ mm	4.4.1-2
			1 500 mm$< H_b \leqslant 2\ 500$ mm，-3 mm$\leqslant e \leqslant 3$ mm	
			$H_b > 2\ 500$ mm，-4 mm$\leqslant e \leqslant 4$ mm	
		门扇宽度	$W_b \leqslant 1\ 500$ mm，-2 mm$\leqslant e \leqslant 2$ mm	4.4.1-2
			1 500 mm$< W_b \leqslant 2\ 500$ mm，-3 mm$\leqslant e \leqslant 3$ mm	
			$W_b > 2\ 500$ mm，-4 mm$\leqslant e \leqslant 4$ mm	
		门框对角线偏差	$X \leqslant 2\ 000$ mm，-4.5 mm$\leqslant e \leqslant 4.5$ mm	4.4.1-3
			$X > 2\ 000$ mm，-5.5 mm$\leqslant e \leqslant 5.5$ mm	
		门扇对角线偏差	$X \leqslant 2\ 000$ mm，-4.5 mm$\leqslant e \leqslant 4.5$ mm	4.4.1-4
			$X > 2\ 000$ mm，-5.5 mm$\leqslant e \leqslant 5.5$ mm	
		门扇厚度	$e \geqslant -1.5$ mm	4.4.1-5
		面板厚度	$e \geqslant -5\%$	4.4.1-6
		闭锁位置	上下或左右，-1 mm$\leqslant e \leqslant 1$ mm	4.4.1-7

续表 4.2.1-1

序号	防护设备类型	检测项目	合格指标	检测方法
五	悬摆式防爆波活门	门框高度	$H_a \leqslant 1\ 500$ mm, -2 mm $\leqslant e \leqslant 2$ mm	4.4.1-1
			1 500 mm $< H_a \leqslant 2\ 500$ mm, -3 mm $\leqslant e \leqslant 3$ mm	
			$H_a > 2\ 500$ mm, -4 mm $\leqslant e \leqslant 4$ mm	
		门框宽度	$W_a \leqslant 1\ 500$ mm, -2 mm $\leqslant e \leqslant 2$ mm	4.4.1-1
			1 500 mm $< W_a \leqslant 2\ 500$ mm, -3 mm $\leqslant e \leqslant 3$ mm	
			$W_a > 2\ 500$ mm, -4 mm $\leqslant e \leqslant 4$ mm	
		门扇高度	$H_b \leqslant 1\ 500$ mm, -2 mm $\leqslant e \leqslant 2$ mm	4.4.1-2
			1 500 mm $< H_b \leqslant 2\ 500$ mm, -3 mm $\leqslant e \leqslant 3$ mm	
			$H_b > 2\ 500$ mm, -4 mm $\leqslant e \leqslant 4$ mm	
		门扇宽度	$W_b \leqslant 1\ 500$ mm, -2 mm $\leqslant e \leqslant 2$ mm	4.4.1-2
			1 500 mm $< W_b \leqslant 2\ 500$ mm, -3 mm $\leqslant e \leqslant 3$ mm	
			$W_b > 2\ 500$ mm, -4 mm $\leqslant e \leqslant 4$ mm	
		门框对角线偏差	X $\leqslant 2\ 000$ mm, -4.5 mm $\leqslant e \leqslant 4.5$ mm	4.4.1-3
			$X > 2\ 000$ mm, -5.5 mm $\leqslant e \leqslant 5.5$ mm	
		门扇对角线偏差	$X \leqslant 2\ 000$ mm, -4.5 mm $\leqslant e \leqslant 4.5$ mm	4.4.1-4
			$X > 2\ 000$ mm, -5.5 mm $\leqslant e \leqslant 5.5$ mm	
		门扇厚度	$e \geqslant -1.5$ mm	4.4.1-5
		面板厚度	$e \geqslant -5\%$	4.4.1-6
		闭锁位置	上下或左右, -1 mm $\leqslant e \leqslant 1$ mm	4.4.1-7

续表 4.2.1-1

序号	防护设备类型	检测项目	合格指标	检测方法
五	悬摆式防爆波活门	悬摆板长度	120 mm$<L_a\leqslant$400 mm，$-$0.5 mm$\leqslant e\leqslant$0.5 mm	4.4.1-9
			400 mm$<L_a\leqslant$1 000 mm，$-$0.8 mm$\leqslant e\leqslant$0.8 mm	
			1 000 mm$<L_a\leqslant$2 000 mm，$-$1.2 mm$\leqslant e\leqslant$1.2 mm	
		悬摆板宽度	120 mm$<W_c\leqslant$400 mm，$-$0.5 mm$\leqslant e\leqslant$0.5 mm	4.4.1-9
			400 mm$<W_c\leqslant$1 000 mm，$-$0.8 mm$\leqslant e\leqslant$0.8 mm	
			1 000 mm$<W_c\leqslant$2 000 mm，$-$1.2 mm$\leqslant e\leqslant$1.2 mm	
		悬摆板对角线偏差	120 mm$<X\leqslant$400 mm，$-$0.5 mm$\leqslant e\leqslant$0.5 mm	4.4.1-10
			400 mm$<X\leqslant$1 000 mm，$-$0.8 mm$\leqslant e\leqslant$0.8 mm	
			1 000 mm$<X\leqslant$2 000 mm，$-$1.2 mm$\leqslant e\leqslant$1.2 mm	
		悬摆板厚度	$e\geqslant-5\%$	4.4.1-11
六	胶管式防爆波活门	门框高度	$H_a\leqslant$1 500 mm，$-$2 mm$\leqslant e\leqslant$2 mm	4.4.1-1
			1 500 mm$<H_a\leqslant$2 500 mm，$-$3 mm$\leqslant e\leqslant$3 mm	
			$H_a>$2 500 mm，$-$4 mm$\leqslant e\leqslant$4 mm	
		门框宽度	$W_a\leqslant$1 500 mm，$-$2 mm$\leqslant e\leqslant$2 mm	4.4.1-1
			1 500 mm$<W_a\leqslant$2 500 mm，$-$3 mm$\leqslant e\leqslant$3 mm	
			$W_a>$2 500 mm，$-$4 mm$\leqslant e\leqslant$4 mm	
		门扇高度	$H_b\leqslant$1 500 mm，$-$2 mm$\leqslant e\leqslant$2 mm	4.4.1-2
			1 500 mm$<H_b\leqslant$2 500 mm，$-$3 mm$\leqslant e\leqslant$3 mm	

续表 4.2.1-1

序号	防护设备类型	检测项目	合格指标	检测方法
六	胶管式防爆波活门	门扇高度	$H_b>2\ 500$ mm， -4 mm$\leqslant e\leqslant 4$ mm	4.4.1-2
		门扇宽度	$W_b\leqslant 1\ 500$ mm， -2 mm$\leqslant e\leqslant 2$ mm	4.4.1-2
			1 500 mm$<W_b\leqslant 2\ 500$ mm， -3 mm$\leqslant e\leqslant 3$ mm	
			$W_b>2\ 500$ mm， -4 mm$\leqslant e\leqslant 4$ mm	
		门框对角线偏差	$X\leqslant 2\ 000$ mm， -4.5 mm$\leqslant e\leqslant 4.5$ mm	4.4.1-3
			$X>2\ 000$ mm， -5.5 mm$\leqslant e\leqslant 5.5$ mm	
		门扇对角线偏差	$X\leqslant 2\ 000$ mm， -4.5 mm$\leqslant e\leqslant 4.5$ mm	4.4.1-4
			$X>2\ 000$ mm， -5.5 mm$\leqslant e\leqslant 5.5$ mm	
		门扇厚度	$e\geqslant -1.5$ mm	4.4.1-5
		面板厚度	$e\geqslant -5\%$	4.4.1-6
		闭锁位置	上下或左右， -1 mm$\leqslant e\leqslant +1$ mm	4.4.1-7
七	密闭阀门	壳体外径	120 mm$<D\leqslant 400$ mm， -0.5 mm$\leqslant e\leqslant 0.5$ mm	4.4.1-12
			400 mm$<D\leqslant 1\ 000$ mm， -0.8 mm$\leqslant e\leqslant 0.8$ mm	
			1 000 mm$<D\leqslant 2\ 000$ mm， -1.2 mm$\leqslant e\leqslant 1.2$ mm	
		阀板直径	-2 mm$\leqslant e\leqslant 2$ mm	4.4.1-13
		阀板厚度	-0.1 mm$\leqslant e\leqslant 0.1$ mm	4.4.1-14
		壳体厚度	$e\geqslant -5\%$	4.4.1-15
八	超压排气活门	壳体进风口内径	120 mm$<d\leqslant 400$ mm， -0.5 mm$\leqslant e\leqslant 0.5$ mm	4.4.1-16
			400 mm$<d\leqslant 1\ 000$ mm， -0.8 mm$\leqslant e\leqslant 0.8$ mm	

续表 4.2.1-1

序号	防护设备类型	检测项目	合格指标	检测方法
八	超压排气活门	壳体进风口内径	1 000 mm＜d≤2 000 mm，−1.2 mm≤e≤1.2 mm	4.4.1-16
		阀盖外径	−2 mm≤e≤2 mm；	4.4.1-17
		阀盖厚度	−0.1 mm≤e≤0.1 mm	4.4.1-18
九	防爆地漏	地漏体外径	D≤120 mm，−0.3 mm≤e≤0.3 mm	4.4.1-19
			D＞120 mm，−0.5 mm≤e≤0.5 mm	
		地漏体高度	h≤120 mm，−0.3 mm≤e≤0.3 mm	4.4.1-20
			h＞120 mm，−0.5 mm≤e≤0.5 mm	
		地漏体壁厚	e≥−5%	4.4.1-21
		密封体厚度	e≥−5%	4.4.1-22
十	防护密闭段通风管道	管道厚度	e≥−5%	4.4.1-23
十一	防护密闭封堵板	临战封堵框高度	H_c≤1 500 mm，−2 mm≤e≤2 mm	4.4.1-1
			1 500 mm＜H_c≤2 500 mm，−3 mm≤e≤3 mm	
			H_c＞2 500 mm，−4 mm≤e≤4 mm	
		临战封堵框宽度	W_d≤1 500 mm，−2 mm≤e≤2 mm	4.4.1-1
			1 500 mm＜W_d≤2 500 mm，−3 mm≤e≤3 mm	
			W_d＞2 500 mm，−4 mm≤e≤4 mm	
		防护密闭封堵板高度	H_d≤1 500 mm，−2 mm≤e≤2 mm	4.4.1-24
			1 500 mm＜H_d≤2 500 mm，−3 mm≤e≤3 mm	
			H_d＞2 500 mm，−4 mm≤e≤4 mm	

续表 4.2.1-1

序号	防护设备类型	检测项目	合格指标	检测方法
十一	防护密闭封堵板	防护密闭封堵板宽度	$W_e \leqslant 1\ 500$ mm，-2 mm$\leqslant e \leqslant 2$ mm	4.4.1-24
			$1\ 500$ mm$< W_e \leqslant 2\ 500$ mm，-3 mm$\leqslant e \leqslant 3$ mm	
			$W_e > 2\ 500$ mm，-4 mm$\leqslant e \leqslant 4$ mm	
		临战封堵框对角线偏差	$X \leqslant 2\ 000$ mm，-4.5 mm$\leqslant e \leqslant 4.5$ mm	4.4.1-25
			$X > 2\ 000$ mm，-5.5 mm$\leqslant e \leqslant 5.5$ mm	
		防护密闭封堵板对角线偏差	$X \leqslant 2\ 000$ mm，-4.5 mm$\leqslant e \leqslant 4.5$ mm	4.4.1-26
			$X > 2\ 000$ mm，-5.5 mm$\leqslant e \leqslant 5.5$ mm	
		面板厚度	$e \geqslant -5\%$	4.4.1-27
十二	密闭观察窗	透明窗孔高度	400 mm$< H_e \leqslant 1\ 000$ mm，-2 mm$\leqslant e \leqslant 2$ mm	4.4.1-28
			$1\ 000$ mm$< H_e \leqslant 2\ 000$ mm，-3 mm$\leqslant e \leqslant 3$ m；	
		透明窗孔宽度	400 mm$< W_f \leqslant 1\ 000$ mm，-2 mm$\leqslant e \leqslant 2$ mm	
			$1\ 000$ mm$< W_f \leqslant 2\ 000$ mm，-3 mm$\leqslant e \leqslant 3$ mm	
		透明窗孔对角线偏差	400 mm$< X_f \leqslant 1\ 000$ mm，-2 mm$\leqslant e \leqslant 2$ mm	4.4.1-29
			$1\ 000$ mm$< X_f \leqslant 2\ 000$ mm，-3 mm$\leqslant e \leqslant 3$ mm	
十三	地铁和隧道正线防护密闭门	门框高度	-5 mm$\leqslant e \leqslant 5$ mm	4.4.1-1
		门框宽度	-5 mm$\leqslant e \leqslant 5$ mm	4.4.1-1
		门扇高度	-5 mm$\leqslant e \leqslant 5$ mm	4.4.1-2
		门扇宽度	-5 mm$\leqslant e \leqslant 5$ mm	4.4.1-2
		门框对角线偏差	3 mm	4.4.1-3
		门扇对角线偏差	6 mm	4.4.1-4
		门扇厚度	-4 mm$\leqslant e \leqslant 4$ mm	4.4.1-5
		面板厚度	$e \geqslant -5\%$	4.4.1-6

表 4.2.1-2　材质外观

序号	防护设备类型	检测项目	合格指标	检测方法
一	手动钢结构门	焊缝质量	超声波探伤符合 GB/T 29712 的 2 级验收等级要求	4.4.2-1
			磁粉探伤符合 GB/T 26952 的 3 级验收等级要求	
		焊缝高度	(0～3)mm	4.4.2-2
		漆膜厚度	(100～120)μm	4.4.2-3
		漆膜附着力	按照 GB/T 9286 中 3 级质量要求	4.4.2-4
		密封胶条压缩反力	δ=6 mm，(0.7～0.9)N/mm	4.4.2-5
			δ=8 mm，(1.0～1.2)N/mm	
			δ=10 mm，(1.4～1.6)N/mm	
			δ=12 mm，(2.0～2.4)N/mm	
二	钢筋混凝土门	混凝土强度	设计要求	4.4.2-6
		钢筋保护层厚度	$-2\ \text{mm} \leqslant e \leqslant 2\ \text{mm}$	4.4.2-7
		钢筋规格、分布	受力钢筋直径达到设计值的 95%	4.4.2-8
			钢筋的数量及分布符合设计要求	4.4.2-1
		焊缝质量	超声波探伤符合 GB/T 29712 的 2 级验收等级要求	4.4.2-2
			磁粉探伤符合 GB/T 26952 的 3 级验收等级要求	
		焊缝高度	(0～3)mm	4.4.2-3
		漆膜厚度	(100～120)μm	4.4.2-4
		漆膜附着力	按照 GB/T 9286 中 3 级质量要求	4.4.2-5
		密封胶条压缩反力	δ=6 mm，(0.7～0.9)N/mm	
			δ=8 mm，(1.0～1.2)N/mm	
			δ=10 mm，(1.4～1.6)N/mm	
			δ=12 mm，(2.0～2.4)N/mm	

续表 4.2.1-2

序号	防护设备类型	检测项目	合格指标	检测方法
三	电控门	焊缝质量	超声波探伤符合 GB/T 29712 的 2 级验收等级要求	4.4.2-1
			磁粉探伤符合 GB/T 26952 的 3 级验收等级要求	
		焊缝高度	(0～3)mm	4.4.2-2
		漆膜厚度	(100～120)μm	4.4.2-3
		漆膜附着力	符合 GB/T 9286 的 3 级质量要求	4.4.2-4
		密封胶条压缩反力	δ=6 mm，(0.7～0.9)N/mm	4.4.2-5
			δ=8 mm，(1.0～1.2)N/mm	
			δ=10 mm，(1.4～1.6)N/mm	
			δ=12 mm，(2.0～2.4)N/mm	
		胶板剥离强度	≥30 N/cm	4.4.2-9
四	防电磁脉冲门	焊缝质量	超声波探伤符合 GB/T 29712 的 2 级验收等级要求	4.4.2-1
			磁粉探伤符合 GB/T 26952 的 3 级验收等级要求	
		焊缝高度	(0～3)mm	4.4.2-2
		漆膜厚度	(100～120)μm	4.4.2-3
		漆膜附着力	符合 GB/T 9286 的 3 级质量要求	4.4.2-4
		密封胶条压缩反力	δ=6 mm，(0.7～0.9)N/mm	4.4.2-5
			δ=8 mm，(1.0～1.2)N/mm	
			δ=10 mm，(1.4～1.6)N/mm	
			δ=12 mm，(2.0～2.4)N/mm	

续表 4.2.1-2

序号	防护设备类型	检测项目	合格指标	检测方法
五	悬摆式防爆波活门	焊缝质量	超声波探伤符合 GB/T 29712 的 2 级验收等级要求	4.4.2-1
			磁粉探伤符合 GB/T 26952 的 3 级验收等级要求	
		焊缝高度	(0～3)mm	4.4.2-2
		漆膜厚度	(100～120)μm	4.4.2-3
		漆膜附着力	符合 GB/T 9286 的 3 级质量要求	4.4.2-4
六	胶管式防爆波活门	焊缝质量	超声波探伤符合 GB/T 29712 的 2 级验收等级要求	4.4.2-1
			磁粉探伤符合 GB/T 26952 的 3 级验收等级要求	4.4.2-2 4.4.2-3
		焊缝高度	(0～3)mm	4.4.2-4
		漆膜厚度	(100～120)μm	
		漆膜附着力	符合 GB/T 9286 的 3 级质量要求	
七	密闭阀门	焊缝质量	超声波探伤符合 GB/T 29712 的 2 级验收等级要求	4.4.2-1
			磁粉探伤符合 GB/T 26952 的 3 级验收等级要求	
		焊缝高度	(0～3)mm	4.4.2-2
		漆膜厚度	(100～120)μm	4.4.2-3
		漆膜附着力	符合 GB/T 9286 的 3 级质量要求	4.4.2-4
八	超压排气活门	漆膜厚度	(100～120)μm	4.4.2-3
		漆膜附着力	符合 GB/T 9286 的 3 级质量要求	4.4.2-4
九	防护密闭段通风管道	漆膜厚度	(100～120)μm	4.4.2-3
十	防护密闭封堵板	焊缝质量	超声波探伤符合 GB/T 29712 的 2 级验收等级要求	4.4.2-1
			磁粉探伤符合 GB/T 26952 的 3 级验收等级要求	
		焊缝高度	(0～3)mm	4.4.2-2
		漆膜厚度	(100～120)μm	4.4.2-3

续表 4.2.1-2

序号	防护设备类型	检测项目	合格指标	检测方法
十	防护密闭封堵板	漆膜附着力	符合 GB/T 9286 的 3 级质量要求	4.4.2-4
		密封胶条压缩反力	δ=6 mm，(0.7～0.9)N/mm	4.4.2-5
			δ=8 mm，(1.0～1.2)N/mm	
			δ=10 mm，(1.4～1.6)N/mm	
			δ=12 mm，(2.0～2.4)N/mm	
十一	密闭观察窗	焊缝质量	超声波探伤符合 GB/T 29712 的 2 级验收等级要求	4.4.2-1
			磁粉探伤符合 GB/T 26952 的 3 级验收等级要求	
		焊缝高度	(0～3)mm	4.4.2-2
		漆膜厚度	(100～120)μm	4.4.2-3
		漆膜附着力	符合 GB/T 9286 的 3 级质量要求	4.4.2-4
十二	地铁和隧道正线防护密闭门	焊缝质量	超声波探伤符合 GB/T 29712 的 2 级验收等级要求	4.4.2-1
			磁粉探伤符合 GB/T 26952 的 3 级验收等级要求	
		焊缝高度	(0～3)mm	4.4.2-2
		漆膜厚度	(100～120)μm	4.4.2-3
		漆膜附着力	符合 GB/T 9286 的 3 级质量要求	4.4.2-4

表 4.2.1-3　配合尺寸

序号	防护设备类型	检测项目	合格指标	检测方法
一	密闭阀门	阀板中心位置偏差	$e \leqslant 2$ mm	4.4.3-1
二	超压排气活门	阀盖中心位置偏差	$e \leqslant 2$ mm	4.4.3-2

4.3 检测设备

4.3.1 防护设备生产质量检测所使用的检测设备及其精度要求应符合表 4.3.1 的规定。

表 4.3.1 检测设备及精度要求

序号	仪器设备名称	设备精度	备注
1	钢卷尺	0.5 mm	
2	钢直尺	0.5 mm	
3	超声波测厚仪	±0.05 mm	H<10 mm
		±(0.01+0.005H)mm	H≥10 mm
4	超声波探伤仪	符合 GB/T 11345 的要求	
5	游标卡尺	0.02 mm	
6	内径千分尺	0.005 mm	
7	外径千分尺	0.005 mm	
8	电磁轭探伤仪	符合 GB/T 15822.3 的要求	
9	焊缝检验尺	±0.3 mm	
10	回弹仪	符合 JGJ/T 23 的要求	
11	钢筋探测仪	符合 JGJ/T 152 的要求	
12	覆层测厚仪	±(1+3%H)μm	
13	漆膜划格仪	/	刀齿间距 2 mm
14	万能试验机	1 级	
15	塞尺	±0.005 mm	0.02 mm≤H≤0.10 mm
		±0.008 mm	0.10 mm<H≤0.30 mm
		±0.012 mm	0.30 mm<H≤0.60 mm
		±0.016 mm	0.60 mm<H≤1.00 mm
		±0.028 mm	1.00 mm<H≤2.00 mm
		±0.048 mm	2.00 mm<H≤3.00 mm

4.4 检测方法

4.4.1 外形尺寸检测方法应符合以下规定：

1 门框高度、宽度：取门框四等分点各测量1次，取算数平均值。检测设备采用钢卷尺。

2 门扇高度、宽度：取门扇四等分点各测量1次，取算数平均值。检测设备采用钢卷尺。

3 门框对角线偏差：分别量取内门框两个对角线长度，各测量1次，取二者差值。检测设备采用钢卷尺。

4 门扇对角线偏差：分别量取门扇两个对角线长度，各测量1次，取二者差值。检测设备采用钢卷尺。

5 门扇厚度：取门扇侧面（无铰页侧）四等分点各测量1次，取算数平均值。检测设备采用游标卡尺。

6 面板厚度：取门扇两对角线四等分（中心重合）共5点各测量1次，取最小值。检测设备采用超声波测厚仪或超声波探伤仪。

7 闭锁位置：分别对各闭锁孔至对应门扇侧边的最小距离进行测量，各测量1次，取偏差最大值。检测设备采用钢直尺或钢卷尺。

8 钢筋混凝土门钢包边厚度：取门扇各钢包边中心线的四等分点，各测量1次，取最小值。检测设备采用超声波测厚仪或超声波探伤仪。

9 悬摆板长度、宽度：取悬摆板四等分点各测量1次，取算数平均值。检测设备采用钢直尺或钢卷尺。

10 悬摆板对角线偏差：分别量取悬摆板两个对角长度，各测量1次，取二者差值。检测设备采用钢直尺或钢卷尺。

11 悬摆板厚度：取悬摆板两对角线四等分（中心重合）共5点各测量1次，取最小值。检测设备采用超声波测厚仪或超声波探伤仪。

12 密闭阀门壳体外径:分别测量与主轴平行和垂直的两个断面各1次,取算数平均值。检测设备采用外径千分尺。

13 密闭阀门阀板直径:沿与主轴相交45°的两条轴线,各测量1次,取算数平均值。检测设备采用游标卡尺。

14 密闭阀门阀板厚度:沿与主轴相交45°的两条轴线,取三等分点共4点各测量1次,取最小值。检测设备采用超声波测厚仪或超声波探伤仪。

15 密闭阀门壳体厚度:在壳体高度中心线上,测量与主轴相交45°的4点各1次,取最小值。检测设备采用超声波测厚仪或超声波探伤仪。

16 超压排气活门壳体进风口内径:分别测量与平衡锤杆平行和垂直的两个断面各1次,取算数平均值。检测设备采用内径千分尺。

17 超压排气活门阀盖外径:分别测量与平衡锤杆平行和垂直的两个断面各1次,取算数平均值。检测设备采用游标卡尺。

18 超压排气活门阀盖厚度:取两条阀盖中心线(分别平行、垂直于平衡锤杆)四等分(中心重合)共5点,取最小值。检测设备采用超声波测厚仪或超声波探伤仪。

19 防爆地漏地漏体外径:分别沿三个卡槽中点位置,测量壳体外径各1次,取算数平均值。检测设备采用游标卡尺。

20 防爆地漏地漏体高度:分别沿三个卡槽中点位置,测量地漏体高度各1次,取算数平均值。检测设备采用游标卡尺。

21 防爆地漏地漏体壁厚:在地漏体高度中心线上,对应三个卡槽中点位置各测量1次,取最小值。检测设备采用超声波测厚仪或超声波探伤仪。

22 防爆地漏密封体厚度:在密封体高度中心线上,对应三个卡槽中点位置各测量1次,取最小值。检测设备采用超声波测厚仪或超声波探伤仪。

23 防护密闭段通风管道管道厚度：在直管段轴向四等分切线上分别取其四等分点各测量 1 次（测点应避开管道焊缝的焊接热影响区），取最小值。检测设备采用超声波测厚仪或超声波探伤仪。

24 防护密闭封堵板高度、宽度：取防护密闭封堵板四等分点各测量 1 次，取算数平均值。检测设备采用钢卷尺。

25 临战封堵框对角线偏差：分别量取临战封堵框内门框两个对角线长度，各测量 1 次，取二者差值。检测设备采用钢卷尺。

26 防护密闭封堵板对角线偏差：分别量取防护密闭封堵板两个对角线长度，各测量 1 次，取二者差值。检测设备采用钢卷尺。

27 防护密闭封堵板面板厚度：取防护密闭封堵板两对角线四等分（中心重合）共 5 点，取最小值。检测设备采用超声波测厚仪或超声波探伤仪。

28 密闭观察窗透明窗孔高度、宽度：取透明窗孔口四等分点各测量 1 次，取算数平均值。检测设备钢卷尺。

29 密闭观察窗透明窗孔口对角线偏差：分别量取透明窗孔口两个对角线长度，各测量 1 次，取二者差值。检测设备采用钢卷尺。

4.4.2 材质与外观检测方法应符合以下规定：

1 焊缝质量：拼接缝按照现行国家标准《焊缝无损检测 超声检测 技术、检测等级和评定》GB/T 11345 中 B 级检测等级、技术 1 的方法。闭合缝按照现行国家标准《焊缝无损检测 磁粉检测》GB/T 26951 中交叉磁轭技术的方法。

2 焊缝高度：取整条焊缝四等分点各测量 1 次，取算数平均值。采用焊缝检验尺。

3 漆膜厚度：取门框四边中心线的四等分点，按照现行国家标准《色漆和清漆 漆膜厚度的测定》GB/T 13452.2 的磁性法或超声波法，各测量 1 次，取算数平均值。

4　漆膜附着力：取门框各侧边中心点，按照现行国家标准《色漆和清漆漆膜的划格试验》GB/T 9286 的检测方法，各测量 1 次，取质量等级低的测区。

5　密封胶条压缩反力：按照现行中国人民解放军总参工程兵部部标准《防护设备用海绵橡胶密封条》GCB 6 的附录 A 密封条压缩反力的试验方法。

6　混凝土强度：按照现行行业标准《回弹法检测混凝土抗压强度技术规程》JGJ/T 23 的回弹法。

7　钢筋保护层厚度：取门扇表面对角线四等分点（中心点重合），按照现行行业标准《混凝土中钢筋检测技术规程》JGJ/T 152 的电磁感应法对横向钢筋（若测点位置无钢筋，可进行纵向扫描，取最近位置的测点）进行检测，取最小值。

8　钢筋规格、分布：沿门扇表面纵向和横向中心线，按照现行行业标准《混凝土中钢筋检测技术规程》JGJ/T 152 的电磁感应法对正反面钢筋间距进行检测，各测量 1 次，取最大值、最小值及算数平均值。钢筋规格按照现行行业标准《混凝土中钢筋检测技术规程》JGJ/T 152 的直接法对门扇左（或右）下角纵向和横向钢筋进行检测，各测量 3 次，取算数平均值。

9　胶板剥离强度：按照现行行业标准《人民防空工程防护设备产品质量检验与施工验收标准》RFJ 01 的胶垫、缓冲胶垫粘结后剥离强度检验方法，夹头的分离速率应为（100±5）mm/min，取算数平均值。

4.4.3　配合尺寸检测方法应符合以下规定：

1　密闭阀门阀板中心位置：取阀板中心点并关闭阀门，测量壳体通风孔中心点在阀板上的投影位置与阀板中心点的距离。检测设备采用钢直尺。

2　超压排气活门阀盖中心位置：取阀盖中心点并关闭阀盖，测量壳体通风孔中心点在阀盖上的投影位置与阀盖中心点的距离。检测设备采用钢直尺。

5 防护设备安装质量检测

5.1 一般规定

5.1.1 安装质量检测涉及的防护设备应符合生产质量检测合格的要求。

5.1.2 防护设备安装质量检测应采取全数检测。

5.2 检测项目

5.2.1 各类防护设备涉及的安装质量检测项目、检测方法及合格指标，应符合表 5.2.1-1 及表 5.2.1-2 的规定。

表 5.2.1-1 配合尺寸

序号	防护设备类型	检测项目	项目类型	合格指标	检测方法
一	手动钢结构门	门框垂直度	一般项目	$H_a \leqslant 2\,000$ mm，-2 mm$\leqslant e \leqslant 2$ mm	5.4.1-1
				$2\,000$ mm$< H_a \leqslant 3\,000$ mm，-2.5 mm$\leqslant e \leqslant 2.5$ mm	
				$3\,000$ mm$< H_a \leqslant 5\,000$ mm，-3 mm$\leqslant e \leqslant 3$ mm	
				$H_a > 5\,000$ mm，-4 mm$\leqslant e \leqslant 4$ mm	
		门扇与门框贴合面间隙	主控项目	$LH \leqslant 3\,000$ mm，$\varphi \leqslant 2.5$ mm	5.4.1-2
				$LH > 3\,000$ mm，$\varphi \leqslant 3.5$ mm	

续表 5.2.1-1

序号	防护设备类型	检测项目	项目类型	合格指标	检测方法
一	手动钢结构门	门扇与门框中心位置偏差	主控项目	$LH \leqslant 2\ 000$ mm，-2 mm$\leqslant e \leqslant 2$ mm	5.4.1-3
				$LH > 2\ 000$ mm，-3 mm$\leqslant e \leqslant 3$ mm	
		铰页座孔位置	主控项目	上下或左右，-1 mm$\leqslant e \leqslant 1$ mm	5.4.1-4
二	钢筋混凝土门	门框垂直度	一般项目	$H_a \leqslant 2\ 000$ mm，-2 mm$\leqslant e \leqslant 2$ mm	5.4.1-1
				$2\ 000$ mm$< H_a \leqslant 3\ 000$ mm，-2.5 mm$\leqslant e \leqslant 2.5$ mm	
				$3\ 000$ mm$< H_a \leqslant 5\ 000$ mm，-3 mm$\leqslant e \leqslant 3$ mm	
				$H_a > 5\ 000$ mm，-4 mm$\leqslant e \leqslant 4$ mm	
		门扇与门框贴合面间隙	主控项目	$LH \leqslant 3\ 000$ mm，$\varphi \leqslant 2.5$ mm	5.4.1-2
				$LH > 3\ 000$ mm，$\varphi \leqslant 3.5$ mm	
		门扇与门框中心位置偏差	主控项目	$LH \leqslant 2\ 000$ mm，-2 mm$\leqslant e \leqslant 2$ mm	5.4.1-3
				$LH > 2\ 000$ mm，-3 mm$\leqslant e \leqslant 3$ mm	
		铰页座孔位置	主控项目	上下或左右，-1 mm$\leqslant e \leqslant 1$ mm	5.4.1-4
三	电控门	门框垂直度	一般项目	$H_a \leqslant 2\ 000$ mm，-2 mm$\leqslant e \leqslant 2$ mm	5.4.1-1
				$2\ 000$ mm$< H_a \leqslant 3\ 000$ mm，-2.5 mm$\leqslant e \leqslant 2.5$ mm	
				$3\ 000$ mm$< H_a \leqslant 5\ 000$ mm，-3 mm$\leqslant e \leqslant 3$ mm	
				$H_a > 5\ 000$ mm，-4 mm$\leqslant e \leqslant 4$ mm	
		门扇与门框贴合面间隙	主控项目	$LH \leqslant 3\ 000$ mm，$\varphi \leqslant 2.5$ mm	5.4.1-2
				$LH > 3\ 000$ mm，$\varphi \leqslant 3.5$ mm	

续表 5.2.1-1

序号	防护设备类型	检测项目	项目类型	合格指标	检测方法
三	电控门	门扇与门框中心位置偏差	主控项目	$LH \leqslant 2\ 000$ mm，-2 mm$\leqslant e \leqslant 2$ mm	5.4.1-3
三	电控门	门扇与门框中心位置偏差	主控项目	$LH > 2\ 000$ mm，-3 mm$\leqslant e \leqslant 3$ mm	5.4.1-3
三	电控门	铰页座孔位置	主控项目	上下或左右，-1 mm$\leqslant e \leqslant 1$ mm	5.4.1-4
四	防电磁脉冲门	门框垂直度	一般项目	$H_a \leqslant 2\ 000$ mm，-2 mm$\leqslant e \leqslant 2$ mm	5.4.1-1
四	防电磁脉冲门	门框垂直度	一般项目	$2\ 000$ mm$< H_a \leqslant 3\ 000$ mm，-2.5 mm$\leqslant e \leqslant 2.5$ mm	5.4.1-1
四	防电磁脉冲门	门框垂直度	一般项目	$3\ 000$ mm$< H_a \leqslant 5\ 000$ mm，-3 mm$\leqslant e \leqslant 3$ mm	5.4.1-1
四	防电磁脉冲门	门框垂直度	一般项目	$H_a > 5\ 000$ mm，-4 mm$\leqslant e \leqslant 4$ mm	5.4.1-1
四	防电磁脉冲门	门扇与门框贴合面间隙	主控项目	$LH \leqslant 3\ 000$ mm，$\varphi \leqslant 2.5$ mm	5.4.1-2
四	防电磁脉冲门	门扇与门框贴合面间隙	主控项目	$LH > 3\ 000$ mm，$\varphi \leqslant 3.5$ mm	5.4.1-2
四	防电磁脉冲门	门扇与门框中心位置偏差	主控项目	$LH \leqslant 2\ 000$ mm，-2 mm$\leqslant e \leqslant 2$ mm	5.4.1-3
四	防电磁脉冲门	门扇与门框中心位置偏差	主控项目	$LH > 2\ 000$ mm，-3 mm$\leqslant e \leqslant 3$ mm	5.4.1-3
四	防电磁脉冲门	铰页座孔位置	主控项目	上下或左右，-1 mm$\leqslant e \leqslant 1$ mm	5.4.1-4
五	悬摆式防爆波活门	门框垂直度	一般项目	$H_a \leqslant 2\ 000$ mm，-2 mm$\leqslant e \leqslant 2$ mm	5.4.1-1
五	悬摆式防爆波活门	门框垂直度	一般项目	$2\ 000$ mm$< H_a \leqslant 3\ 000$ mm，-2.5 mm$\leqslant e \leqslant 2.5$ mm	5.4.1-1
五	悬摆式防爆波活门	门框垂直度	一般项目	$3\ 000$ mm$< H_a \leqslant 5\ 000$ mm，-3 mm$\leqslant e \leqslant 3$ mm	5.4.1-1
五	悬摆式防爆波活门	门框垂直度	一般项目	$H_a > 5\ 000$ mm，-4 mm$\leqslant e \leqslant 4$ mm	5.4.1-1
五	悬摆式防爆波活门	门扇与门框贴合面间隙	主控项目	$LH \leqslant 3\ 000$ mm，$\varphi \leqslant 2.5$ mm	5.4.1-2
五	悬摆式防爆波活门	门扇与门框贴合面间隙	主控项目	$LH > 3\ 000$ mm，$\varphi \leqslant 3.5$ mm	5.4.1-2

续表 5.2.1-1

序号	防护设备类型	检测项目	项目类型	合格指标	检测方法
五	悬摆式防爆波活门	铰页座孔位置	主控项目	$LH \leqslant 2\,000$ mm，-2 mm$\leqslant e \leqslant 2$ mm	5.4.1-4
				$LH > 2\,000$ mm，-3 mm$\leqslant e \leqslant 3$ mm	
六	胶管式防爆波活门	门框垂直度	一般项目	$H_a \leqslant 2\,000$ mm，-2 mm$\leqslant e \leqslant 2$ mm	5.4.1-1
				2 000 mm$< H_a \leqslant 3\,000$ mm，-2.5 mm$\leqslant e \leqslant 2.5$ mm	
				3 000 mm$< H_a \leqslant 5\,000$ mm，-3 mm$\leqslant e \leqslant 3$ mm	
				$H_a > 5\,000$ mm，-4 mm$\leqslant e \leqslant 4$ mm	
		门扇与门框贴合面间隙	主控项目	$LH \leqslant 3\,000$ mm，$\varphi \leqslant 2.5$ mm	5.4.1-2
				$LH > 3\,000$ mm，$\varphi \leqslant 3.5$ mm	
		铰页座孔位置	主控项目	$LH \leqslant 2\,000$ mm，-2 mm$\leqslant e \leqslant 2$ mm	5.4.1-4
				$LH > 2\,000$ mm，-3 mm$\leqslant e \leqslant 3$ mm	
七	超压排气活门	平衡锤连杆垂直度	一般项目	5.0 mm	5.4.1-5
八	油网除尘器	水平度	一般项目	单个，-3 mm$\leqslant e \leqslant 3$ mm	5.4.1-6
				成组，-5 mm$\leqslant e \leqslant 5$ mm	
		垂直度	一般项目	单个，-4 mm$\leqslant e \leqslant 4$ mm	5.4.1-7
				成组，-6 mm$\leqslant e \leqslant 6$ mm	
九	过滤吸收器	垂直度	一般项目	单个，-2 mm$\leqslant e \leqslant 2$ mm	5.4.1-8
				成组，-5 mm$\leqslant e \leqslant 5$ mm	
十	防护密闭封堵板	门框垂直度	一般项目	$H_a \leqslant 2\,000$ mm，2 mm	5.4.1-1
				2 000 mm$< H_a \leqslant 3\,000$ mm，2.5 mm	
				3 000 mm$< H_a \leqslant 5\,000$ mm，3 mm	
				$H_a > 5\,000$ mm，4 mm	

续表 5.2.1-1

序号	防护设备类型	检测项目	项目类型	合格指标	检测方法
十	防护密闭封堵板	封堵板与临战封堵框贴合面间隙	主控项目	$LH \leqslant$ 3 000 mm，2.5 mm	5.4.1-9
				$LH >$ 3 000 mm，3.5 mm	
十一	地铁和隧道正线防护密闭门	门框垂直度	一般项目	3 mm	5.4.1-1
		门扇与门框贴合面间隙	主控项目	$\varphi \leqslant$ 3.0 mm	5.4.1-2

表 5.2.1-2　使用性能

序号	防护设备类型	检测项目	项目类型	合格指标	检测方法
一	手动钢结构门	门扇启闭力	一般项目	$LH \leqslant$ 2 000 mm，$P \leqslant$ 90 N	5.4.2-1
				2 000 mm $< LH \leqslant$ 5 000 mm，$P \leqslant$ 170 N	
				$LH >$ 5 000 mm，$P \leqslant$ 200 N	
		门扇闭锁力	一般项目	$LH \leqslant$ 2 000 mm，$P \leqslant$ 220 N	5.4.2-2
				2 000 mm $< LH \leqslant$ 5 000 mm，$P \leqslant$ 250 N	
				$LH >$ 5 000 mm，$P \leqslant$ 260 N	
		密闭性能	主控项目	符合 5.2.2-1 的要求	5.4.2-3
二	钢筋混凝土门	门扇启闭力	一般项目	$LH \leqslant$ 2 000 mm，$P \leqslant$ 90 N	5.4.2-1
				2 000 mm $< LH \leqslant$ 5 000 mm，$P \leqslant$ 170 N	
				$LH >$ 5 000 mm，$P \leqslant$ 200 N	
		门扇闭锁力	一般项目	$LH \leqslant$ 2 000 mm，$P \leqslant$ 220 N	5.4.2-2
				2 000 mm $< LH \leqslant$ 5 000 mm，$P \leqslant$ 250 N	
				$LH >$ 5 000 mm，$P \leqslant$ 260 N	
		密闭性能	主控项目	符合 5.2.2-1 的要求	5.4.2-3

续表 5.2.1-2

序号	防护设备类型	检测项目	项目类型	合格指标	检测方法
三	电控门	门扇启闭力	一般项目	$LH \leqslant 2\ 000$ mm，$P \leqslant 90$ N	5.4.2-1
				2 000 mm$<LH \leqslant 5\ 000$ mm，$P \leqslant 170$ N	
				$LH > 5\ 000$ mm，$P \leqslant 200$ N	
		门扇闭锁力	一般项目	$LH \leqslant 2\ 000$ mm，$P \leqslant 220$ N	5.4.2-2
				2 000 mm$<LH \leqslant 5\ 000$ mm，$P \leqslant 250$ N	
				$LH > 5\ 000$ mm，$P \leqslant 260$ N	
		密闭性能	主控项目	符合 5.2.2-1 的要求	5.4.2-3
		门扇开、关锁时间	一般项目	符合设计要求	5.4.2-4 5.4.2-5
四	防电磁脉冲门	门扇启闭力	一般项目	$LH \leqslant 2\ 000$ mm，$P \leqslant 90$ N	5.4.2-1
				2 000 mm$<LH \leqslant 5\ 000$ mm，$P \leqslant 170$ N	
				$LH > 5\ 000$ mm，$P \leqslant 200$ N	
		门扇闭锁力	一般项目	$LH \leqslant 2\ 000$ mm，$P \leqslant 220$ N	5.4.2-2
				2 000 mm$<LH \leqslant 5\ 000$ mm，$P \leqslant 250$ N	
				$LH > 5\ 000$ mm，$P \leqslant 260$ N	
		密闭性能	主控项目	符合 5.2.2-1 的要求	5.4.2-3
		门扇开、关锁时间	一般项目	符合设计要求	5.4.2-4 5.4.2-5
五	悬摆式防爆波活门	门扇启闭力	一般项目	$0.18G_a$(N)	5.4.2-1
		门扇闭锁力	一般项目	$0.12G_a$(N)	5.4.2-2
		悬摆板与门扇贴合面间隙	主控项目	0.28%B1	5.4.2-6

续表 5.2.1-2

<table>
<tr><th>序号</th><th>防护设备类型</th><th>检测项目</th><th>项目类型</th><th>合格指标</th><th>检测方法</th></tr>
<tr><td rowspan="10">五</td><td rowspan="10">悬摆式防爆波活门</td><td rowspan="3">悬摆板的启动力</td><td rowspan="3">主控项目</td><td>$95S \sim 4.4G_b$(N)，$\Phi \leqslant 200$</td><td rowspan="3">5.4.2-7</td></tr>
<tr><td>$95S \sim 3.4G_b$(N)，$300 \leqslant \Phi \leqslant 600$</td></tr>
<tr><td>$95S \sim 2.2G_b$(N)，$800 \leqslant \Phi \leqslant 1\ 000$</td></tr>
<tr><td rowspan="3">悬摆板的关闭力(符合悬摆板与门扇贴合面间隙要求)</td><td rowspan="3">主控项目</td><td>$P \leqslant 8.5G_b$(N)，$\Phi \leqslant 200$</td><td rowspan="3">5.4.2-8</td></tr>
<tr><td>$P \leqslant 6.8G_b$(N)，$300 \leqslant \Phi \leqslant 600$</td></tr>
<tr><td>$P \leqslant 5.1G_b$(N)，$800 \leqslant \Phi \leqslant 1\ 000$</td></tr>
<tr><td>门扇(底座)孔实际面积与图纸设计面积的比值</td><td>主控项目</td><td>1.00～1.10</td><td>5.4.2-9</td></tr>
<tr><td>悬摆板通风面积与活门名义通风管面积比值</td><td>主控项目</td><td>1.00～1.15</td><td>5.4.2-10</td></tr>
<tr><td rowspan="2">六</td><td rowspan="2">胶管式防爆波活门</td><td>门扇启闭力</td><td>一般项目</td><td>$P \leqslant 0.18G_a$(N)</td><td>5.4.2-1</td></tr>
<tr><td>门扇闭锁力</td><td>一般项目</td><td>$P \leqslant 0.12G_a$(N)</td><td>5.4.2-2</td></tr>
<tr><td rowspan="2">七</td><td rowspan="2">密闭阀门</td><td>阀板关闭力</td><td>一般项目</td><td>$P \leqslant 0.18G_c$(N)</td><td>5.4.2-11</td></tr>
<tr><td>密闭性能</td><td>主控项目</td><td>符合 5.2.2-2 的要求</td><td>5.4.2-3</td></tr>
<tr><td rowspan="2">八</td><td rowspan="2">超压超压排气活门</td><td>阀盖或活门盘锁紧力</td><td>一般项目</td><td>$P \leqslant 160$ N</td><td>5.4.2-12</td></tr>
<tr><td>密闭性能</td><td>主控项目</td><td>符合 5.2.2-2 的要求</td><td>5.4.2-3</td></tr>
</table>

续表 5.2.1-2

序号	防护设备类型	检测项目	项目类型	合格指标	检测方法
八	超压超压排气活门	阀盖或活门盘启动压力	主控项目	(30～50)Pa	5.4.2-13
		通风动力性能	主控项目	/	5.4.2-14
九	防护密闭段通风管道	管道气密性	主控项目	符合附录 D 的要求	5.4.2-15
十	防护密闭封堵板	密闭性能	主控项目	符合 5.2.2-1 的要求	5.4.2-3
十一	密闭观察窗	密闭性能	主控项目	符合 5.2.2-1 的要求	5.4.2-3
十二	地铁和隧道正线防护密闭门	门扇启闭力	一般项目	$P \leqslant 0.18G_a$(N)	5.4.2-1
		门扇闭锁力	一般项目	$P \leqslant 0.12G_a$(N)	5.4.2-2
		密闭性能	主控项目	符合 5.2.2-1 的要求	5.4.2-3
		门扇开、关锁时间	一般项目	符合设计要求	5.4.2-4 5.4.2-5

5.2.2 防护设备最大允许漏气量应符合表 5.2.2-1 及表 5.2.2-2 的规定。

表 5.2.2-1 防护密闭门和密闭门最大允许漏气量

序号	门孔尺寸(mm×mm)	类型	防护密闭门最大允许漏气量(m^3/h)	密闭门最大允许漏气量(m^3/h)
1	700×1 600	单扇	0.172	0.081
2	800×1 800	单扇	0.217	0.104
3	900×1 600	单扇	0.227	0.108

续表 5.2.2-1

序号	门孔尺寸 (mm×mm)	类型	防护密闭门最大允许 漏气量(m^3/h)	密闭门最大允许 漏气量(m^3/h)
4	900×1 800	单扇	0.248	0.120
5	1 000×1 800	单扇	0.282	0.136
6	1 000×2 000	单扇	0.306	0.149
7	1 200×2 000	单扇	0.407	0.192
8	1 300×2 000	单扇	0.450	0.210
9	1 500×2 100	单扇	0.566	0.267
10	2 000×2 100	单扇	0.737	0.414
11	2 500×2 100	单扇	0.907	0.557
12	2 500×2 500	单扇	1.147	0.600
13		双扇	0.579	0.579
14	3 000×2 500	双扇	0.788	0.788
15	4 000×2 500	双扇	1.052	1.052
16	5 000×2 500	双扇	1.381	1.377
17	6 000×2 500	双扇	1.710	1.702
18	3 000×3 000	双扇	0.843	0.788
19	4 000×3 000	双扇	1.096	1.091
20	5 000×3 000	双扇	1.349	1.394
21	6 000×3 000	双扇	1.602	1.697
22	3 700×3 500	双扇	1.169	1.164
23	4 000×3 500	双扇	1.261	1.255
24	5 000×3 500	双扇	1.568	1.558
25	6 000×3 500	双扇	1.875	1.861

以上为常用型号防护密闭门、密闭门的最大允许漏气量，其他型号防护密闭门、密闭门的最大允许漏气量可根据门孔尺寸进行插值计算，其他防护密闭、密闭类防护设备的最大允许漏气量

可采用同门孔尺寸防护密闭门、密闭门的规定值。

表 5.2.2-2 密闭阀门和超压排气活门最大允许漏气量

序号	型号规格	类型	最大允许漏气量(m^3/h)
1	DN200	密闭阀门	0.025
2	DN300	密闭阀门	0.040
3	DN400	密闭阀门	0.055
4	DN500	密闭阀门	0.070
5	DN600	密闭阀门	0.085
6	DN800	密闭阀门	0.115
7	DN1 000	密闭阀门	0.145
8	FCH150(5)	超压排气活门	0.030
9	FCH200(5)	超压排气活门	0.050
10	FCH250(5)	超压排气活门	0.070
11	FCH300(5)	超压排气活门	0.080

5.3 检测设备

5.3.1 防护设备现场安装质量各检测项目中所使用的检测设备及其精度的要求,应符合表 5.3.1 的规定。

表 5.3.1 检测设备及精度要求

序号	仪器设备名称	仪器精度
1	钢卷尺	0.5 mm
2	钢直尺	0.5 mm
3	塞尺	±0.005
		±0.008
		±0.012
		±0.016

续表5.3.1

序号	仪器设备名称	仪器精度
3	塞尺	±0.028
		±0.048
4	激光水平尺	±0.1°
5	推拉力计	5.0 级
6	扭力扳手	10 级
7	差压计	±1%
8	气体质量流量计	±1%
9	玻璃转子流量计	±1%
10	秒表	±0.1 s
11	防护工程战时通风气密性检测装置	±3%

5.4 检测方法

5.4.1 配合尺寸检测方法应符合以下规定：

1 门框垂直度：用磁力线坠靠在门框正面顶角位置，并于底部位置分别测量线绳与门框正面和侧边的垂直距离，实测值需减去磁力线坠线绳与检测面基准值（基准值的测点位于门框顶角位置），见图 5.4.1-1。检测结果取极值。检测设备采用钢直尺和磁力线坠。

2 门扇与门框贴合面间隙：关闭并以最大允许闭锁力锁紧门扇，于门框、门扇上下左右贴合面的中间位置各测量 1 次，取最大值。检测设备采用扭力扳手、塞尺。

3 门扇与门框中心位置偏差：取门扇对角线中点位置并关闭门扇，测量门框中心点在门扇上的投影位置与门扇中心点的距离。检测设备采用钢直尺。

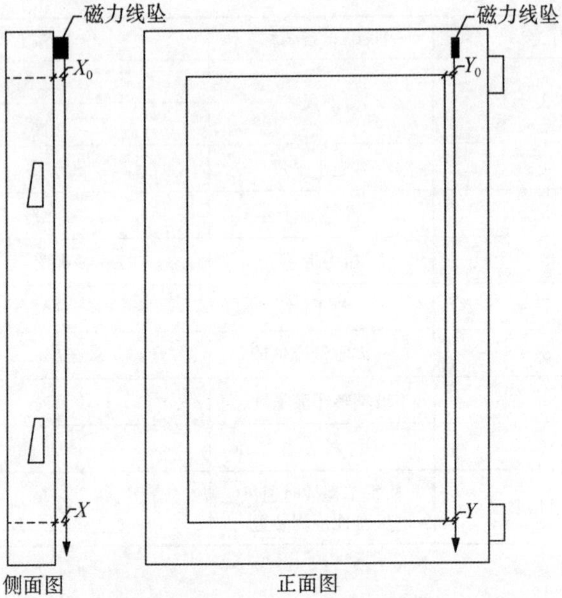

X_0—磁力线坠线绳与门框正面基准值；Y_0—磁力线坠线绳与门框侧面基准值；X—磁力线坠线绳与门框正面垂直距离；Y—磁力线坠线绳与门框侧面垂直距离

图 5.4.1-1　门框垂直度检测方法示意图

4　铰页座孔位置：分别对上下铰页座孔至对应门扇侧边的最小距离进行测量，取偏差最大值。检测设备采用钢直尺或钢卷尺。

5　超压排气活门平衡锤连杆垂直度：见图 5.4.1-2，把磁力线坠靠在铅锤杆侧面顶部位置，并于侧面底部位置测量线绳与铅锤杆侧面的垂直距离（图 5.4.1-2 标注 L），实测值需减去磁力线坠线绳与检测面基准值。检测设备采用钢直尺。

6　油网除尘器水平度：把激光水平尺靠在油网除尘器顶部中间位置测量倾斜角度，测量油网除尘器顶部断面长度，然后通过长度和角度换算，得出水平度。检测设备采用激光水平尺、钢卷尺。

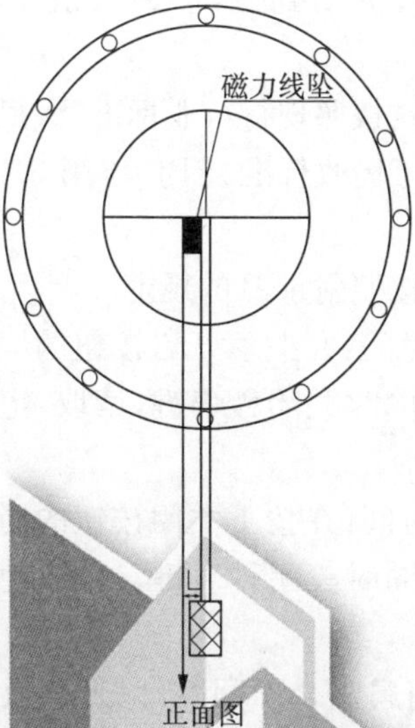

图 5.4.1-2 超压排气活门平衡锤连杆垂直度检测方法示意图

7 油网除尘器垂直度：用磁力线坠靠在油网除尘器侧面顶部中间位置，并于侧面底部中间位置测量线绳与油网除尘器侧面的垂直距离，左右两侧各测 1 次，实测值需减去磁力线坠线绳与检测面基准值，取最大值。检测设备采用钢直尺。

8 过滤吸收器垂直度：用磁力线坠靠在过滤吸收器侧面顶部中间位置，并于侧面底部中间位置用钢直尺测量线绳与过滤吸收器侧面的垂直距离，左右两侧各测 1 次，实测值需减去磁力线坠线绳与检测面基准值，然后取最大值。检测设备采用钢直尺。

9 封堵板与临战封堵框贴合面间隙：于封堵板与临战封堵框上下左右贴合面的中间位置各测量 1 次，取最大值。检测设备采用塞尺。

5.4.2 使用性能检测方法应符合以下规定：

1 门扇启闭力：用仪器拉（或推）门扇开启或关闭，力的作用点在门扇拉手处，拉力（或推力）的方向始终垂直于门扇表面，均匀慢速将门扇开启、关闭到位，取最大值。检测设备采用推拉力计。

2 门扇闭锁力：按照现行行业标准《人民防空工程防护设备产品质量检验与施工验收标准》RFJ 01 第 3.4.4 条第 2 款第 2 项的规定。

3 密闭性能：按照附录 B 的规定。

4 门扇开锁时间：在按下开启按钮的同时，按下秒表键，并于门扇开启到位的同时关闭秒表键，读取、记录测量结果。检测设备采用秒表。

5 门扇关锁时间：在按下关闭按钮的同时，按下秒表键，并于门扇锁紧到位的同时关闭秒表键，读取、记录测量结果。检测设备采用秒表。

6 悬摆板与门扇贴合面间隙：以悬摆板最大允许关闭力关闭悬摆板时，于悬摆板与门扇上下左右贴合面的中间位置各测量 1 次，取最大值。检测设备采用塞尺、推拉力计。

7 悬摆板启动力：用推拉力计推悬摆板关闭，力作用在悬摆板中心，作用力方向与活门门扇垂直，测量恰好使悬摆板启动时的力。检测设备采用推拉力计。

8 悬摆板关闭力：用推拉力计推悬摆板关闭，力作用在悬摆板中心，作用力方向与活门门扇垂直，测量悬摆板与门扇贴合面间隙符合要求时的关闭力。检测设备采用塞尺、推拉力计。

9 门扇（底座）孔实际面积与图纸设计面积的比值：按照现行行业标准《人民防空工程防护设备产品质量检验与施工验收标准》RFJ 01 第 3.4.6 条第 3 款的规定。检测设备采用钢卷尺、钢直尺。

10 悬摆板通风面积与活门名义通风管面积比值：按照现行行业标准《人民防空工程防护设备产品质量检验与施工验收标准》RFJ 01 第 3.4.6 条第 3 款的规定。检测设备采用钢卷尺、钢直尺。

11 密闭阀门阀板关闭力：测量垂直作用在转轴上关闭阀板所需的力，采用扭力扳手、钢直尺、推拉力计等（若用扭力扳手测量，需将力矩、力臂换算成力；若用推拉力计，测点需距手柄末端 50 mm）。

12 超压排气活门阀盖（活门盘）锁紧力：测量垂直作用在阀盖或活门盘锁柄上使其关闭。检测设备采用推拉力计。

13 阀盖或活门盘启动压力：按照附录 C。

14 通风性能试验：按照附录 C。

15 防护密闭段通风管道管道气密性：按照附录 D。

6 防护设施质量检测

6.1 一般规定

6.1.1 防护设施质量检测涉及的防护设备应符合安装质量检测合格的要求。

6.1.2 防护设施质量检测应采取全数检测。

6.2 检测项目

6.2.1 各类防护设施涉及的安装质量检测项目、检测方法及合格指标,应符合表 6.2.1 的规定。

表 6.2.1 防护设施安装质量检测

序号	防护设施类型	检测项目	合格指标	检测方法
一	通风系统	风量	大于 5 m^3/人时,±10%	6.4.1-1
			等于 5 m^3/人时,±10%	
		振动	挠性支撑,振动速度有效值≤7.1 mm/s	6.4.1-2
			刚性支撑,振动速度有效值≤4.6 mm/s	
		电流	符号设计要求	6.4.1-3
		电压	±7%	6.4.1-4
		转速	符合设计要求	6.4.1-5
		温度	/	6.4.1-6
		相对湿度	/	6.4.1-7
		风机噪声	/	6.4.1-8
		环境噪声	/	6.4.1-9

续表6.2.1

序号	防护设施类型	检测项目	合格指标	检测方法
二	防毒通道、密闭通道	密闭性能	不超过防毒通道、密闭通道中所有防护设备最大允许漏气量之和	6.4.2

6.3 检测设备

6.3.1 各防护设施质量检测项目中所使用的检测设备及其精度的要求，应符合表6.3.1的规定。

表6.3.1 检测设备及精度要求

序号	仪器设备名称	仪器精度
1	差压计	±1%
2	气体质量流量计	±1%
3	玻璃转子流量计	±1%
4	风速仪	±0.5 m/s
5	振动测量仪	±10%
6	钳形电流表	电流:2.0级 电压:1.0级
7	转速仪	1.5级
8	温湿度仪	温度:0.5 ℃ 相对湿度:5%RH
9	声级计	±0.5 dB(A)
10	声校准器	±0.5 dB
11	激光测距仪	1级
12	钢卷尺	0.5 mm

6.4 检测方法

6.4.1 通风系统检测方法应符合以下规定：

1 风量：按照现行国家标准《通风与空调工程施工质量验收规范》GB 50243 附录 E.2 风口风速法规定。

2 振动：按照现行国家标准《风机、压缩机、泵安装工程施工及验收规范》GB 50275 附录 A 风机振动的检测方法规定。

3 电流：按照现行行业标准《采暖通风与空气调节工程检测技术规程》JGJ/T 260 第 3.5 节规定。

4 电压：按照现行行业标准《采暖通风与空气调节工程检测技术规程》JGJ/T 260 第 3.5 节规定。

5 转速：按照现行行业标准《采暖通风与空气调节工程检测技术规程》JGJ/T 260 第 3.5 节规定。

6 温度：按照现行行业标准《采暖通风与空气调节工程检测技术规程》JGJ/T 260 第 3.4 节规定。

7 相对湿度：按照现行行业标准《采暖通风与空气调节工程检测技术规程》JGJ/T 260 第 3.4 节规定。

8 风机噪声：按照现行国家标准《采暖通风与空气调节设备噪声声功率级的测定 工程法》GB 9068 附录 C 声压级的测量方法规定。

9 环境噪声：按照现行行业标准《采暖通风与空气调节工程检测技术规程》JGJ/T 260 第 3.4.5 条规定。

6.4.2 密闭段(室)检测方法应符合附录 B 的要求。

7 防护设备设施质量评定

7.1 防护设备设施质量等级划分及规定

7.1.1 检测项目的评定设合格和不合格两个等级。实测值达到合格指标要求的项目评定为“合格”，未达到合格指标要求的项目评定为“不合格”。

7.2 防护设备生产质量检测规定

7.2.1 防护设备生产质量检测的所有项目全部达到合格指标要求时，该防护设备产品生产质量方可评为“合格”。

7.3 防护设备安装质量检测规定

7.3.1 防护设备安装质量检测项目分为主控项目和一般项目，所有主控项目必须全部合格，一般项目 80％以上合格且单个不合格项目检测结果不超过合格指标的 1.5 倍时，该防护设备安装质量方可评为“合格”。

7.3.2 门框垂直度检测结果达不到合格指标要求且不超过合格指标的 1.5 倍时，宜对该防护设备密闭性能进行检测，若密闭性能检测合格，该防护设备门框垂直度在安装质量检测结果评定时不计入不合格项目。

7.4 防护设施质量检测规定

7.4.1 防护设施质量检测的所有项目必须全部合格。

附录A 全工程密闭性能检测

本方法适用于民防工程现场全工程密闭性能检测。

A.1 检测步骤

全工程密闭性能检测步骤应按图A.1执行。

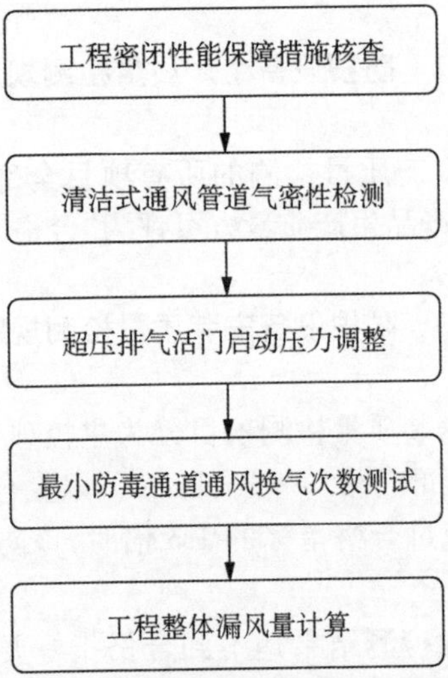

图A.1 全工程密闭性能检测步骤

A.2 工程密闭性能保障措施核查方法

工程密闭性能保障措施核查步骤应按图A.2执行。

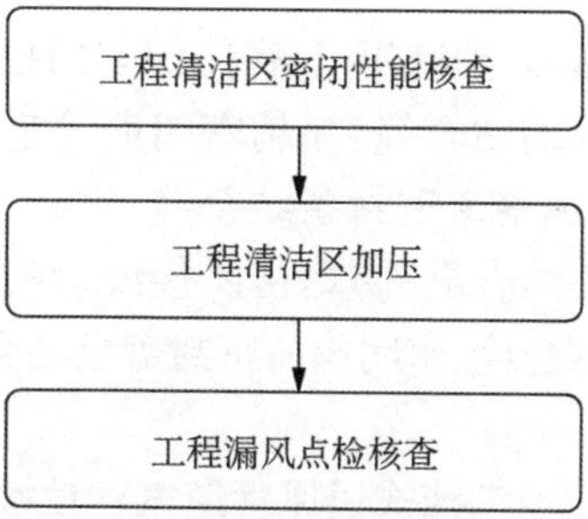

图 A.2　工程密闭性能保障措施核查步骤

A.2.1　工程清洁区密闭性能核查

核查内容包括:清洁区内所有防护密闭门、密闭门;防护通风系统中所有密闭阀门、超压排气活门;给排水系统中所有防爆地漏的关闭情况及防爆水封井的水位线。

A.2.2　工程清洁区加压

启动清洁式战时通风系统对工程清洁区加压,调节进风管上的风量调节阀调节进风量,测量工程内部超压值,并将工程内部超压值维持在设计超压值低限的(2～3)倍。

A.2.3　工程漏风点核查

核查采用烟气示踪法。将点燃能产生明显烟柱的檀香发生烟气并靠近密闭缝,利用烟柱在风力作用下偏移与扩散来寻找漏风点,并根据表 A.2.3 的规定对漏风点的情况作好记录。

表 A.2.3　漏风情况记录规则

序号	烟柱情况	漏风情况
1	烟柱无明显偏移	无
2	烟柱有明显偏移但未扩散	弱
3	烟柱有明显偏移且有明显扩散	强

漏风情况为"强"的漏风点,应在超压排气活门启动压力调整

前对相关漏风点采取临时封堵措施。

核查位置包括：防护密闭门、密闭门与门框的贴合缝、闭锁开关手柄手柄与门扇的贴合缝、穿越密闭墙管道、预埋套管与密闭墙的结合缝、电站观察窗密封条结合缝、水封井、防爆波井管口、防爆地漏与地面的结合缝、防爆密闭接线盒的闭合缝、密闭墙预留孔口二次施工结合缝、密闭阀门密封盖板结合缝等。

A.3 清洁式通风管道气密性检测

清洁式通风管道气密性检测应按本标准附录 D.2.2 执行。

A.4 超压排气活门启动压力调整

超压排气活门启动压力调整步骤应图 A.4 执行。

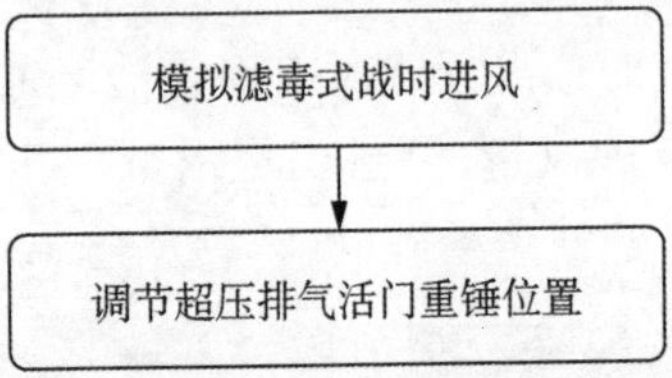

图 A.4 超压排气活门启动压力调整步骤

A.4.1 模拟滤毒式战时进风

启动清洁式战时通风系统，调节进风管上的风量调节阀调节进风量，使进风量接近过滤式通风状态下的设计进风量，此时应保证实测进风量不超过设计进风量的 95%。

A.4.2 调节超压排气活门重锤位置

松开超压排气活门的闭锁装置，调节超压排气活门重锤位置，并将工程内部超压值维持在设计超压值低限的 1.02 倍以上，记录此时的工程内部超压值，标记重锤位置并锁紧调节重锤。

A.5 最小防毒通道通风换气次数测试

最小防毒通道通风换气次数测试步骤应按图 A.5 执行。

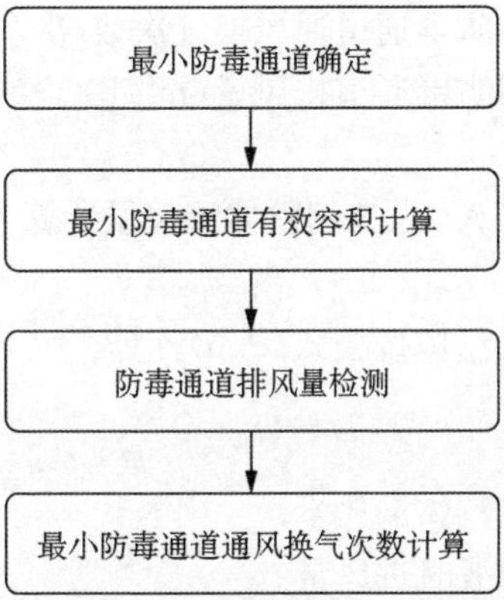

图 A.5 最小防毒通道通风换气次数测试步骤

A.5.1 最小防毒通道确定

当防毒通道个数≥1 个时,测量所有防毒通道主体容积,确定最小防毒通道。

A.5.2 最小防毒通道有效容积计算

最小防毒通道有效容积应按公式(A.5.2)计算。

$$V = V_0 + V_1 - V_2 \tag{A.5.2}$$

式中:V ——最小防毒通道有效容积(m^3);

V_0 ——最小防毒通道主体容积(m^3);

V_1 ——最小防毒通道附加容积(m^3);

V_2 ——最小防毒通道扣除容积(m^3)。

A.5.3 防毒通道排风量检测

防毒通道排风量检测应按本标准第 6.4.1 条执行。

A.5.4 最小防毒通道通风换气次数计算

最小防毒通道通风换气次数应按公式(A.5.4)计算。

$$n = \frac{Q'}{V} \tag{A.5.4}$$

式中：n ——最小防毒通道通风换气次数(次/h)；

Q' ——实测防毒通道排风量(m^3/h)。

A.6 工程整体漏风量计算

工程整体漏风量应按公式(A.6)计算。

$$L = Q - Q' \tag{A.6}$$

式中：L ——工程整体漏风量；

Q ——实测战时进风量。

A.7 工程整体密闭性能评定

A.7.1 最小防毒通道通风换气次数应符合设计要求。

A.7.2 漏风量占清洁区有效容积的实测百分率应不超过7%。漏风量占清洁区有效容积的实测百分率应按公式(A.7.2)计算。

$$p = \frac{L}{V'} \tag{A.7.2}$$

式中：p ——漏风量占清洁区有效容积的实测百分率(%)；

V' ——清洁区有效容积(m^3)。

附录B 防护设备密闭性能检测方法

本方法适用于具有密闭功能的防护设备。其中,流量法适用于包括防护密闭门、密闭门、密闭阀门及超压排气活门在内的所有防护设备的密闭性能检测,压降法只适用于密闭阀门的密闭性能检测。

B.1 防护密闭门、密闭门密闭性能试验方法(流量法)

B.1.1 检测系统应符合以下规定:

1 防护密闭门、密闭门密闭性能试验的检测装置主要由空压机、流量计、阀门、差压计、气密室组成,系统按图B.1.1连接。

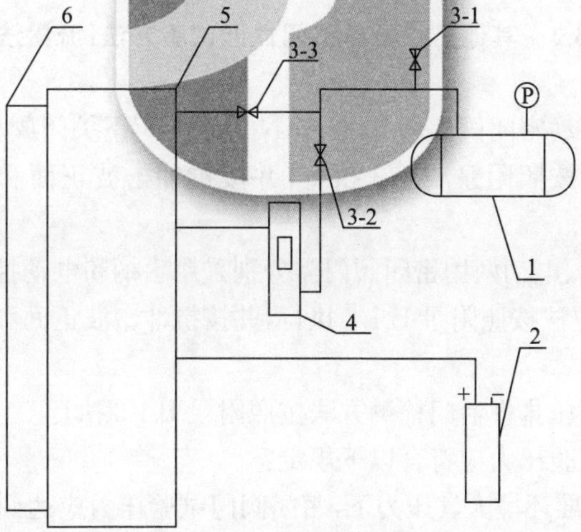

1—空压机;2—差压计;3—阀门;4—流量计;5—气密室;6—被检样品

图B.1.1 门类防护设备密闭性能(流量阀)试验装置示意图

2 流量计在条件许可的情况下，可以将不同量程的流量计并联在一起，以方便不同量程的流量计的接入使用。

3 检测用仪器的精度为：差压计±1%；流量计±1%。

4 工程现场，可用塑料薄膜或封堵板做临时性封堵，形成气密室。

B.1.2 试验压力应符合以下规定：

在标准环境大气压力下，单扇防护密闭门试验压力应达到100 Pa，密闭门、双扇防护密闭门试验压力应达到50 Pa。

B.1.3 检测方法应符合以下规定：

打开气源设备，打开阀门3-3，向气密室打压，将初压打至试验压力以上，打开旁通阀门3-1，将气密室压力控制在试验压力的(2～5) Pa，之后关闭阀门3-3，缓慢打开阀门3-2，观察测压装置的显示值，当试验压力基本稳定在要求范围时，记录实测压力值，当试验压力基本稳定在要求范围时，记录流量计显示的流量值，即漏风量。

B.2 其他防护设备密闭性能试验方法(流量法)

B.2.1 手动密闭阀门应在的80 N·m扭矩下关闭阀板并锁紧，检测方法按照附录B.1.3执行，并按抗冲击波正面和反面分别测试。

B.2.2 手、电动两用密闭阀门需分别采用手柄和电动控制关闭阀板，检测方法按照附录B.1.3执行，并按抗冲击波正面和反面分别测试。

B.2.3 超压排气活门检测方法按照附录B.1.3执行。

B.2.4 试验压力应符合以下规定：

在标准环境大气压力下，密闭阀门试验压力应达到50 Pa，超压排气活门试验压力也应达到50 Pa。

B.2.5 在工程现场对于密闭阀门或超压排气活门进行密闭性能

试验，可直接将预制有充气管及测量管的盲板与阀门的法兰连接（采用聚氨酯发泡剂等做临时性密封），以阀板与盲板的空间作为气密室。

B.3 密闭阀门密闭性能检测方法(压降法)

B.3.1 检测系统应符合以下规定：

1 密闭试验的检测装置主要由静压箱、空压机、阀门连接段、压力测量装置等组成。系统按图 B.3.1 连接。

2 静压箱宜用 3 mm 以上钢板焊接制成，容积不小于 $8D^3$（D 为被测设备的孔口直径）。静压箱安装有进气管、出气管和测试管。测试装置制作完毕后应充压至 2 500 Pa，保压 10 min，压力不下降为合格。

3 根据被测阀门的规格不同，静压箱与被测阀门间采用不同的变径管连接。

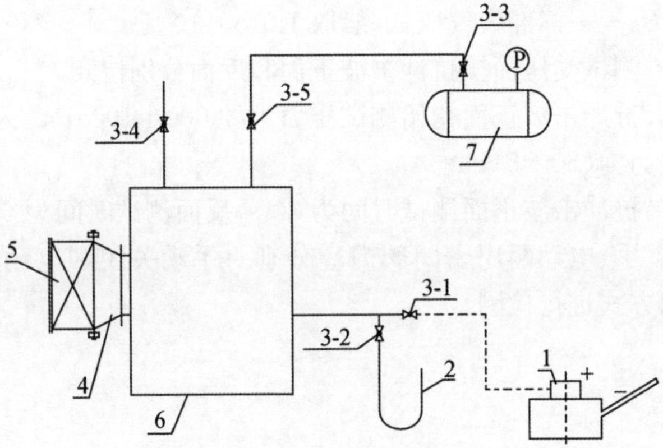

1—倾斜式微压计；2—U 形测压计；3—阀门；4—变径管；
5—密闭阀门；6—静压箱；7—空压机

图 B.3.1 密闭阀密闭性能(压降法)试验装置示意图

4 检测用仪器的精度为：压力计±1 Pa；温度计±0.1 ℃；计时器±0.5 s。

5 测试过程中静压箱内的温度变化不应超过 1 ℃。

B.3.2 检测方法应符合以下规定：

1 关闭阀板并锁紧，关闭排气阀 3-4，打开测试阀门 3-1 或 3-2，开启空压机，徐徐打开阀门 3-5，向静压箱内充气，观察微压计的读数，当读数达到规定初始测试压力值时，关闭阀门 3-5，同时计时器开始计时，记录规定时间内的压降，并按公式(B.3.2)计算相应的漏气量，测量 3 次，取算数平均值。

$$Q=V_e\frac{3\,600\Delta P}{TB_0} \tag{B.3.2}$$

式中：Q——漏气量(L/h)；

V_e——静压箱容积(L)；

T——试验时间(s)；

ΔP——压降(Pa)；

B_0——标准大气压，一般取 1.013×10^5 Pa。

2 测试受压面按抗冲击波正面和反面分别检测。

3 抗冲击波正面初始测试压力为(2 000±100)Pa，反面初始测试压力为(50±5)Pa。

4 抗冲击波正面测试时间为 30 s，反面测试时间为 600 s。

5 手、电动两用密闭阀门应分别对手动关闭和电动关闭两种关闭方式进行检测。

附录C　超压排气活门通风性能检测方法

C.1　检测装置

C.1.1　通风性能的检测系统主要由静压箱、风机、风量测量仪器、压力测试装置等组成。见图 C.1.1。

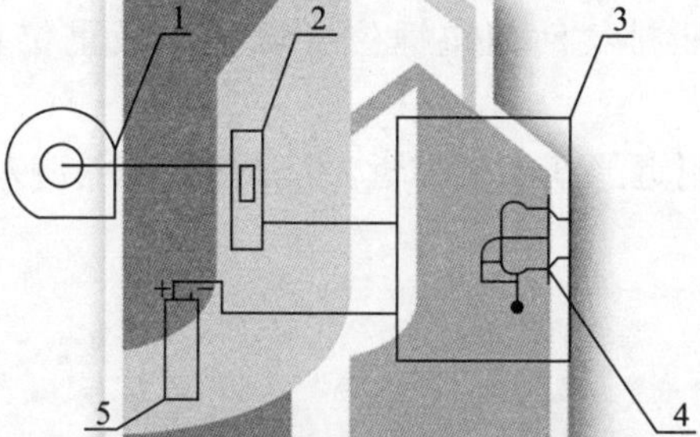

1—风机；2—风量测量仪器；3—静压箱；4—超压排气活门；5—差压计

图 C.1.1　超压排气活门通风性能检测装置

C.1.2　检测用仪器的精度为:压力计±1 Pa;风量测量仪器±1%。

C.2　检测过程

C.2.1　超压排气活门阀盖(或活门盘)启动压力测试过程:

1　测试前,应使系统的仪器、设备处于正常状态,确保静压的测压管路正确、连接可靠,风机口防护措施必须可靠,并保证箱体除阀盖(或活门盘)外的各连接处均处于密闭状态。

2　将超压排气活门重锤位置调整至最轻位置,风机缓慢地由小到大进行变频调速，测量静压的差压计功能档位置于“MAX”（最大值），当表压力（最大值）不再变化时，读取该静压值。

3 将超压排气活门重锤位置调整至最重位置，重复上述步骤。

C.2.2 超压排气活门动力性能曲线测试过程：

1 测试前，应使系统的仪器、设备处于正常状态，确保静压的测压管路正确、连接可靠，风机口防护措施必须可靠，并保证箱体除阀盖（或活门盘）外的各连接处均处于密闭状态。

2 将超压排气活门重锤位置调整至最轻位置，风机缓慢地由小到大进行变频调速，同时读取静压箱的静压力和风管的风量。风机变频调速不应少于 7 次。

3 将超压排气活门重锤位置调整至最重位置，重复上述步骤。

4 风机附近严禁人员靠近，发现管路泄漏应及时采取封堵措施。

附录D 防护密闭段通风管道密闭性能检测方法

D.1 检测装置

D.1.1 密闭试验的检测装置主要由空压机、盲板、压力测量装置等组成。见图 D.1.1。

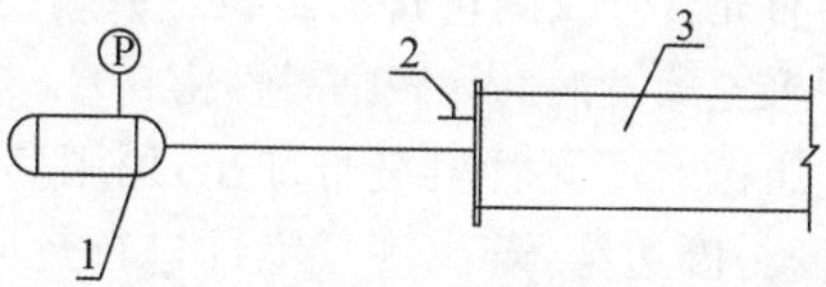

1—空压机；2—差压计；3—防护密闭段通风管道

图 D.1.1 防护密闭段通风管道密闭性能检测装置

D.1.2 检测用仪器的精度为：压力计±1 Pa。

D.2 检测过程

D.2.1 滤毒通风管道气密性检测过程

1 分别对过滤吸收器前后的滤毒通风管道气密性进行试验。过滤吸收器前侧的滤毒通风管道气密性试验设备及管路的连接方式如图 D.2.1 所示。

2 将滤毒通风管道上安装的所有密闭阀门拆下，逐一进行气密性进行试验，试验方法按照附录 B 执行。

3 将漏气量符合要求的密闭阀门重新安装上管道(除阀门 M3)并保持关闭状态。漏气量不符合要求的密闭阀门应及时更换。

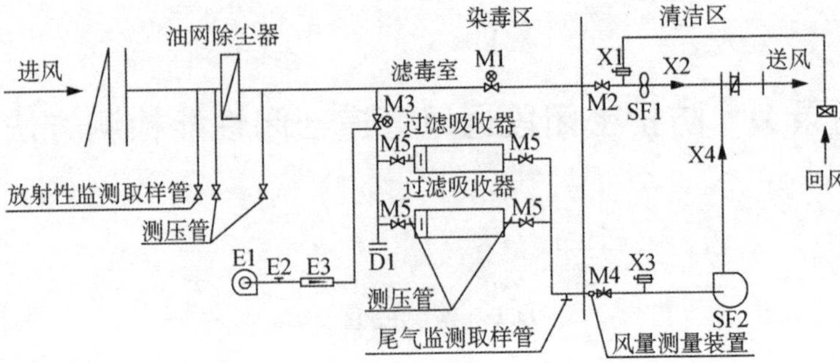

E1—空压机；E2—调节阀；E3—流量计

图 D.2.1　滤毒通风管道气密性试验示意图

4　将预制有充气管及测量管的盲板与原阀门 M3 处的风管法兰连接(采用聚氨酯发泡剂等做临时性密封)。

5　启动空压机对所测管段进行加压,用肥皂水涂刷密闭阀门法兰连接处密封圈边缘,若出现气泡即进行封堵,直至无气泡产生为止。

6　调节流量,待差压计显示的压力值达到 2 000 Pa 并保持稳定时,记录流量计显示的流量值。

7　密闭阀门在该段管道气密性试验压力下的漏气量可按式(D.2.1)换算。

$$Q'_i = Q'_{0,i} \cdot (P'_i / P'_{0,i})^{0.65} \qquad \text{(D.2.1)}$$

式中：Q'_i——防护密闭段通风管道气密性试验压力下的漏气量(m^3/h)；

$Q'_{0,i}$——密闭阀门气密性试验压力下的漏气量(m^3/h)；

P'_i——防护密闭段通风管道气密性试验压力(Pa)；

$P'_{0,i}$——密闭阀门气密性试验压力(Pa)。

8　滤毒通风管道的漏气量不应大于该管道上全部密闭阀门的漏气量换算值之和。

9　过滤吸收器后侧的滤毒通风管道气密性试验。

D.2.2 清洁通风通风管道气密性检测过程

1 试验设备及管路的连接方式如图 D.2.2 所示。

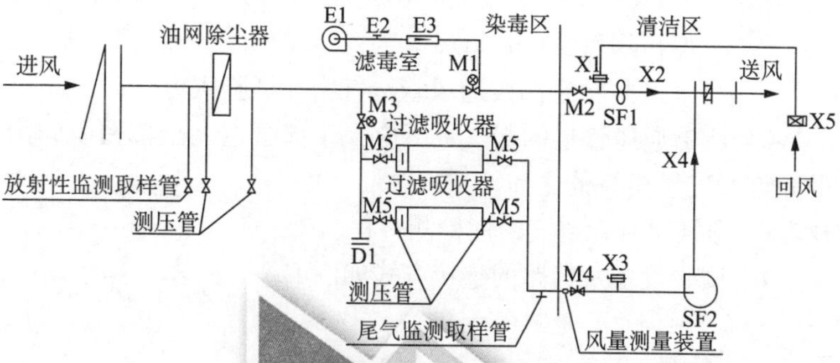

E1—空压机；E2—调节阀；E3—流量计

图 D.2.2 清洁通风管道气密性试验示意图

2 将清洁通风管道上安装的所有密闭阀门拆下，逐一进行气密性进行试验，试验方法按照附录 B 执行。

3 将漏气量符合要求的密闭阀门重新安装上管道（除阀门 M1）并保持关闭状态。漏气量不符合要求的密闭阀门应及时更换。

4 将预制有充气管及测量管的盲板与原阀门 M1 处的风管法兰连接（采用聚氨酯发泡剂等做临时性密封）。

5 启动空压机对所测管段进行加压，用肥皂水涂刷密闭阀门法兰连接处密封圈边缘，若出现气泡即进行封堵，直至无气泡产生为止。

6 调节流量，待差压计显示的压力值达到 2 000 Pa 并保持稳定时，记录流量计显示的流量值。

7 密闭阀门在该段管道气密性试验压力下的允许漏气量可按式（D.2.2）换算。

$$Q_i = Q_{0,i} \cdot (P_i/50)^{0.65} \tag{D.2.2}$$

式中：Q_i ——防护密闭段通风管道气密性试验压力下的允许漏气量(m^3/h)；

$Q_{0,i}$ ——密闭阀门气密性试验标准压力(50 Pa)下的允许漏气量(m^3/h)；

P_i ——防护密闭段通风管道气密性试验压力(Pa)。

8 清洁通风管道的漏气量不应大于该管道上全部密闭阀门的允许漏气量换算值之和。

D.2.3 排风通风管道气密性检测过程

1 试验设备及管路的连接方式如图 D.2.3 所示。

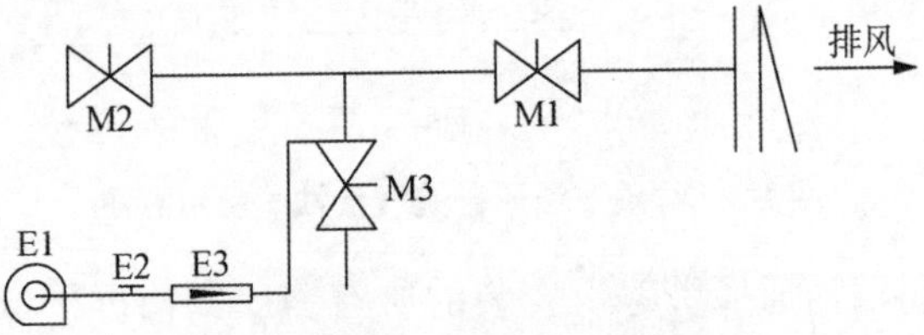

E1—空压机；E2—调节阀；E3—流量计

图 D.2.3 排风管道气密性试验示意图

2 将排风管道上安装的所有密闭阀门拆下，逐一进行气密性进行试验，试验方法按照附录 B 执行。

3 将漏气量符合要求的密闭阀门重新安装上管道(除阀门 M3)并保持关闭状态。漏气量不符合要求的密闭阀门应及时更换。

4 将预制有充气管及测量管的盲板与原阀门 M3 处的风管法兰连接(采用聚氨酯发泡剂做临时性密封)。

5 启动空压机对所测管段进行加压，用肥皂水涂刷密闭阀门法兰连接处密封圈边缘，若出现气泡即进行封堵，直至无气泡产生为止。

6 调节流量，待差压计显示的压力值达到 2 000 Pa 并保持稳定时，记录流量计显示的流量值。

7 密闭阀门在该段管道气密性试验压力下的允许漏气量可按式(D.2.2)进行换算。

8 排风管道的漏气量换算值不应大于该管道上全部密闭阀门的最大允许漏气量换算值之和。

本标准用词说明

1 为便于在执行本标准条文时区别对待，对要求严格程度不同的用词说明如下：

1）表示很严格，非这样做不可的用词：
正面词采用“必须”；
反面词采用“严禁”。

2）表示严格，在正常情况下均应这样做的用词：
正面词采用“应”；
反面词采用“不应”或“不得”。

3）表示允许稍有选择，在条件许可时首先应这样做的用词：
正面词采用“宜”；
反面词采用“不宜”。

4）表示有选择，在一定条件下可以这样做的用词，采用“可”。

2 条文中指明应按其他有关标准执行的写法为：“应符合……的规定”或“应按……执行”。

引用标准名录

1 《色漆和清漆　漆膜厚度的测定》GB/T 13452.2
2 《色漆和清漆　漆膜的划格试验》GB/T 9286
3 《焊缝无损检测　超声检测　技术、检测等级和评定》GB/T 11345
4 《焊缝无损检测　超声检测　验收等级》GB/T 29712
5 《焊缝无损检测　磁粉检测》GB/T 26951
6 《焊缝无损检测　焊缝磁粉检测　验收等级》GB/T 26952
7 《无损检测磁粉检测　第3部分:设备》GB/T 15822.3
8 《通风与空调工程施工质量验收规范》GB 50243
9 《风机、压缩机、泵安装工程施工及验收规范》GB 50275
10 《采暖通风与空气调节设备噪声声功率级的测定　工程法》GB 9068
11 《人民防空工程防护设备产品质量检验与施工验收标准》RFJ 01
12 《人民防空工程防护设备试验测试与质量检测标准》RFJ 04
13 《人民防空工程质量检验评定标准》RFJ 01
14 《回弹法检测混凝土抗压强度技术规程》JGJ/T 23
15 《混凝土中钢筋检测技术规程》JGJ/T 152
16 《采暖通风与空气调节工程检测技术规程》JGJ/T 260
17 《防护设备用海绵橡胶密封条》GCB 6

上海市工程建设规范

民防工程防护设备设施质量检测与评定标准

DG/TJ 08—2330—2020
J 15295—2020

条 文 说 明

2020　上海

目　次

Contents

4　防护设备生产质量检测

4.1　一般规定

4.1.1　本条规定了防护设备生产质量检测采用的方式，门类包括手动钢结构门、钢筋混凝土门、电控门、防电磁脉冲门、悬摆式防爆波活门、胶管式防爆波活门。

4.1.2　本条规定了防护设备生产质量检测的方式为抽样检验，主要目的是为了确保产品的质量和赢得用户信任，防护设备厂家应配合检测部门严格执行此规定。

4.4　检测方法

4.4.1　外形尺寸检测方法

1　门框的孔宽、孔高对铰页的安装位置、闭锁锁头伸入锁座的长度等均有影响。

2　门扇的高度、宽度对门扇启闭、运转、胶条嵌压线与中心线的重合等有影响。

3　门框对角线长度偏差较大则会使长方形的门框产生平面内形变甚至四边不在一个平面内。

4　门扇对角线长度偏差较大则会使门扇产生平面内变形甚至平面扭曲。

5　门扇厚度影响防护设备的抗力性能，厚度较小，为 $X\%$，抗力下降约为 $2X\%$。

6　门扇面板厚度符合设计要求就是要达到国家标准要求，

目前市场上的钢材质量参差不齐，此要求将限制下差较大的钢材在防护设备中应用。

7 门扇上闭锁位置则会对门扇、门框的结合，门扇启闭产生影响。

9～11 悬摆式防爆波活门

悬摆板平时处于开启状态，当冲击波抵达时，依靠冲击波风压关闭悬摆板，消减阻挡冲击波对人防区内人员的伤害。悬摆板长度、宽度、对角线偏差会影响悬摆板的闭合严密性产生影响。悬摆板厚度会影响防护设备的抗力性能。

4.4.2 材质与外观检测方法

6 使用上海地区预拌混凝土制作的钢筋混凝土门，其混凝土强度回弹计算宜使用上海市地方曲线。

7 防护设备设施质量评定

7.1 防护设备设施质量等级划分及规定

7.1.1 国家人防办组织编制的《人民防空工程防护设备产品出厂与安装质量检测标准(征求意见稿)》中,防护设备产品质量检测结果评定、安装质量检测结果评定皆设合格和不合格两个等级。

7.2 防护设备生产质量检测规定

7.2.1 国家人防办组织编制的《人民防空工程防护设备产品出厂与安装质量检测标准(征求意见稿)》中,防护设备产品出厂质量评定设合格和不合格两个等级,当所有检测项目全部合格时,产品出厂质量方可评为"合格"。门框、门扇分检时,当门框、门扇组件质量均为合格时,产品出厂质量方可评为"合格"。

根据《上海市民防工程防护设备质量检测管理办法》(沪民防规〔2019〕3 号)要求,防护设备定点生产和安装企业应在产品出厂前进行自检,实行全数检测,检测结果应当记录完整。检测合格,填写产品合格证,检测不合格产品不得出厂。检测机构在检测过程中发现防护设备定点生产和安装企业、建设单位、监理单位、施工单位有违反有关法律法规和强制性标准情形或检测发现不合格项的,应及时报告上海市民防办公室。

7.3 防护设备安装质量检测规定

7.3.1 根据现行行业标准《人民防空工程质量验收与评价标准》RFJ 01 第 3.4.1 条,检验批合格质量应符合下列规定:

1 主控项目的质量经抽样检验合格。

2 一般项目的质量经抽样检验,80%及以上的检查点(处)符合规定的质量要求;其他检查点(处)不得有严重缺陷,且最大偏差值不超过允许偏差值的 1.5 倍。

7.3.2 在检测过程中,若发现防护设备门框垂直度不合格的情况,应对该防护设备增加密闭性能检测,在确保其密闭性能合格的情况下,其门框垂直度不作为检测结果评定项目,以避免门框垂直度整改过程中发生主体结构破坏。

附录 B 防护设备密闭性能检测方法

B.2 其他防护设备密闭性能试验方法(流量法)

B.2.5 聚氨酯发泡剂全称为单组分聚氨酯泡沫填缝剂,俗称为发泡剂、发泡胶、PU 填缝剂,英文 PUFOAM,是气雾技术和聚氨酯泡沫技术交叉结合的产物。它是一种将聚氨酯预聚物、发泡剂、催化剂等组分装填于耐压气雾罐中的特殊聚氨酯产品。当物料从气雾罐中喷出时,沫状的聚氨酯物料会迅速膨胀并与空气或接触到的基体中的水分发生固化反应形成泡沫。适用范围广,具有前发泡、高膨胀和收缩小等优点,且泡沫的强度良好、粘接力高,固化后的泡沫具有填缝、粘结、密封、隔热和吸音等多种效果,是一种环保节能、使用方便的建筑材料,可适用于密封堵漏、填空补缝、固定粘结,保温隔音,尤其适用于塑钢或铝合金门窗和墙体间的密封堵漏及防水。

聚氨酯泡沫填缝剂已被建设部列为建设事业“十一五”推广应用产品。

本标准所使用的聚氨酯泡沫填缝剂,其物理性能应符合行业标准《单组分聚氨酯泡沫填缝剂》JC 936—2004 的相关要求。